全国高校就业创业特色教材课题项目研究成果（课题编号:JC21129）

职业生涯发展与规划

（供食品药品类专业使用）

ZHIYE SHENGYA FAZHAN YU GUIHUA

主　编　刘巧元
副主编　张亦曼　彭志雄
参　编　王杏梅　龚　晨　王　萍
　　　　祝　玲　王　华
主　审　谭秋霞

西南财经大学出版社
Southwestern University of Finance & Economics Press
中国・成都

图书在版编目(CIP)数据

职业生涯发展与规划/刘巧元主编;张亦曼,彭志雄副主编.—成都:西南财经大学出版社,2023.8
ISBN 978-7-5504-5899-4

Ⅰ.①职… Ⅱ.①刘…②张…③彭… Ⅲ.①大学生—职业选择
Ⅳ.①G647.38

中国国家版本馆 CIP 数据核字(2023)第 150749 号

职业生涯发展与规划

主　编　刘巧元
副主编　张亦曼　彭志雄

特约编辑:郝永进
责任编辑:李特军
责任校对:冯　雪
封面设计:刘文东
责任印制:朱曼丽

出版发行	西南财经大学出版社(四川省成都市光华村街 55 号)
网　　址	http://cbs.swufe.edu.cn
电子邮件	bookcj@swufe.edu.cn
邮政编码	610074
电　　话	028-87353785
印　　刷	三河市众誉天成印务有限公司
成品尺寸	185mm×260mm
印　　张	13
字　　数	242 千字
版　　次	2023 年 8 月第 1 版
印　　次	2023 年 8 月第 1 次印刷
书　　号	ISBN 978-7-5504-5899-4
定　　价	45.00 元

Preface 前言

党的二十大报告指出，就业是最基本的民生。求职择业是绝大多数人面临的人生重大课题之一，也是每名大学毕业生最关注的问题。大学生作为国家宝贵的人力资源，其能否就业不仅牵动着社会和家庭，而且影响着我国教育体制的发展和改革。然而，要解决大学生就业难的问题，不仅需要政府和社会的努力，更需要大学生树立正确的择业观念，做好职业生涯规划，提高就业能力。可以说，科学的职业生涯规划对大学生顺利就业和获取事业成功非常重要。

为帮助大学生树立正确的职业意识，转变就业观念，做好职业生涯规划，我们组织从事大学生职业生涯规划和就业创业指导教学与服务工作的教师精心编写了本书。本书主要面向高等职业院校学生，定位明确，以“实用、实践”为特色，坚持“重应用、重体验”的原则，援引大量实际案例，设置拓展阅读和实训项目，为大学生开展体验式学习、个性化学习提供了丰富资源。

本书以学生实际应用为主线，深入浅出地介绍了如何认识自我、认识职业、选择职业和规划职业，包括生涯唤醒、自我探索、职业世界探索、职业生涯决策、制订职业生涯规划、自我发展、职业适应与职业发展、职业生涯管理八章内容，旨在使大学生通过学习和实践提升职业生涯规划能力，增强职业意识，深刻认识到规划在职业生涯中的重要性，能够根据自身特点确定职业方向与目标，根据变化的环境调整自我，做好职业发展规划，走好职业发展阶段的每一步。

本书由湖南食品药品职业学院刘巧元任主编，由湖南食品药品职业学院张亦曼、湖南艺术职业学院彭志雄任副主编，湖南食品药品职业学院王杏梅、龚晨、王萍、祝玲、王华参与了编写，由湖南食品药品职业学院谭秋霞主审。具体编写分工如下：第一章由刘巧元编写；第二章由祝玲、王萍编写；第三章由张亦曼编写；第四章由龚晨编写；第五章由刘巧元编写；第六章由张亦曼编写；第七章由王杏梅编写；第八章由刘巧元、彭志雄编写；王华负责整理编写校友故事。

在本书编写过程中，湖南食品药品职业学院刘丰、吴健民等多位优秀毕业生为本书提供了相关教学案例，在此表示感谢。同时，本书也参考并借鉴了一些文献，在此谨向相关作者表示诚挚的谢意！

由于编者水平有限，书中难免存在不足之处，敬请广大读者批评指正。

编　者

Contents 目录

第一章 生涯唤醒

学习引导

美国心理学家卡耐基（Carnegie）说："确定了人生目标的人，比那些彷徨失措的人，起步时便已领先几十步。有目标的生活，远比彷徨的生活幸福。没有人生目标的人，人生本身就是乏味无聊的。"

大学阶段，是一个人成长的重要转折期，是探索世界、认知社会、掌握知识的重要时期，是世界观、人生观、价值观形成的关键时期。"志当存高远。"进入大学后，如果你能规划好自己的大学生活，设定让自己心动的新愿景，抓住自我超越的机会，那么你将能成就一个更好的自己，收获不一样的人生。

学习目标

1. 了解：行业特色，明确未来就业方向。
2. 熟悉：大学生活与个人职业生涯发展的关系。
3. 掌握：大学生进行职业生涯规划的意义及基本原则。

案例导入

大学生活开启我的人生新篇章

刘英，湖南食品药品职业学院药物制剂专业2011届学生，在顺利毕业后的五年内，通过自身不断努力，如今已获得制药工程硕士学位、中药学本科学历、金融学本科学历，通过了执业药师和注册会计师资格考试，还有美国的注册会计师及税务师的考试正等待着她……

刘英在毕业后仍能保持持续学习的动力，并能取得如此骄人的成绩，正是因为大学为她提供了自我认知、自我成长的环境。她通过不断提升修养，增长见识，培养能力，大大提高了改变自己未来生活的可能性，从而让自己从一个专科毕业的职校生变成为他人眼中的学霸。进入大学后，她给自己确立明确的目标，合理安排好自己的大学生活，确立自己未来的发展方向，然后朝着自己的目标一步步努力，最终实现了个人最优发展。

一样的大学，可以有不一样的选择。正是在大学里培养了良好的学习和生活习惯，刘英同学才能在毕业后仍能始终坚定自己的梦想，脚踏实地实现一个又一个人生目标，从而成就了今天这个最好的自己。

议一议

刘英为什么能一直保持持续不断的学习动力？

第一节 为什么要上大学

每个刚踏进校门的大学生都怀揣着各自的希望与梦想，期待着可以通过大学实现自己的梦想。然而，并不是所有的人都能在离开校园的时候梦想成真。大多数学生在进入大学不久后会经历一个从兴奋到迷茫的阶段。

为什么会有这个阶段？上大学前，学生有时会听到这样的声音："读大学了，你就自由了！"的确，进入大学后，我们可以支配的时间和金钱比高中大大增加了，老师和家长都不再以我们为中心了，给我们的反馈少了，对我们的学习也鲜有严格的要求……于是缺乏自律的学生便像一匹脱了缰的野马在无边的草原上奔跑，但是在跑累了、玩够了的时候，内心就会产生一种莫名的孤独与无助感。于是，有些学生就患上了现代大学生具有的一种新型病——空心病，其典型表现是学习没动力，不知道该做什么，不知道将来能做什么，内心充满了迷茫和焦虑。

进入大学不仅意味着中学时代结束了，也意味着我们与社会的距离更进了一步，大学是让我们提升能力的地方，是进入社会前的最后一个缓冲区，同时也是我们走向成熟的地方。因此，进入大学后，我们首先应该思考一个问题：我为什么要上大学？

我国大学教育已逐渐从"精英教育"过渡到"大众教育"，大多数中学生将"上大学"作为高中学习目标的必选项。有的学生把大学当成高中生活的一种延续，认为学习成绩仍然是最重要的；有的学生认为大学的成绩并不重要，重要的是培养自己的综合能力；等等。其实，上大学不仅仅能获得文凭或者学到专业知识，还能影响个人未来的发展。

一篇题为"一位大学毕业生的自述：我比谁都明白上大学的意义"的帖子在网上广为转载。该帖作者是一个出生于一个农村家庭，中学阶段学习刻苦，但最终只考入一所普通院校的女孩子。她以自己的亲身经历告诉大家读书改变命运。她写道："正是在大学里认识的人、遇见过的事、读过的书，改变了我，让我知道什么是逻辑、理性、法律、自由；让我重新去认识自我、击破自我，完成自我重建；让我懂得在暴力面前不畏惧，在迷信面前不盲从；让我从一个混沌未开、土里土气的小丫头变成自己想要成为的人。大学对于我来说虽然不是什么发财之道，却是我走向更高，看向更远的地方，成为自己曾经想要成为的人的最佳途径。"由此看出，大学生活可以改变一个人的人生。

一名大二学生说："大学是梦开始的地方，为了使这个梦在毕业时不落空，就要用一种以终为始的心态去规划和度过大学生活，大学是人生中可以扬长补短的时期，如果谁的大学生活平平淡淡，那他就没有真正理解上大学的意义，因为青春的激情一旦失去，就永远找不到了，所以大学生一定要且行且珍惜，如果上大学真的那么轻松，真的有那么多闲暇时间，那么谁为我们的未来买单？”不言而喻，充实而有意义的大学生活需要有自己合理的规划。

大学对学生的评价体系是多元的。学习成绩优异者、能力突出者、有特长者会成为被关注的对象；没有特长、成绩也不是特别优异的学生只要踏实肯干，积极上进，也会受到许多人欢迎的。因此，从进入大学校门起，我们就应该尽快明确自己的学习目标，学会合理规划自己的职业人生，只有这样，才能让自己保持清醒头脑，找准目标，坚定信念，踏实行动，从而收获多姿多彩的大学生活，开启自己美好的人生篇章。

第二节 大学生活的重要性

如果人的平均年龄为 80 岁，把 80 年换算成天数有 29 000 多天。现在的大学生基本上年满 18 岁，那么已经用了 6 000 多天，除去人生中体力智力开始衰落的时期（65 ~ 80 岁），大约 5 000 天，那么剩下的约 18 000 天，你还需要花三分之一的时间睡觉、三分之一的时间休息吃饭，能真正用来做事的时间只有 6 000 多天。

三年学制的高职教育一共 1 000 天左右，除去寒暑假只有 600 多天，再减去大三一年的实习期，在学校的时间只有 300 多天能用来学习和实践，以及做自己想做的事和为未来做准备的事。那么，我们该如何规划好自己的大学生活呢？

一、大学生活对未来职业生涯发展的影响

大学时期，在老师和家长的帮助下，我们逐渐走向成熟，形成自己独立的、独特的价值观，并作为成年人对自己的行为负责。离开校园，进入社会的第一份工作，可以说是自己成年后收到的第一份礼物，这一份礼物的质量如何，取决于我们怎样度过大学生活。

（一）大学生活能为学生职业生涯发展做好重要准备

大学是个人职业生涯开始前的重要准备期，也是个人人生发展中的黄金时期。大学阶段的学习情况会直接影响我们毕业时的就业竞争力，也会间接影响我们就业后的职业发展力。

（二）大学生活能帮助学生理性思考和长远规划

职业生涯规划有利于大学生对所学专业与未来理想职业的关系进行思考，并逐步确立长远而稳定的发展目标，增强大学学习的目的性、积极性。

（三）大学生活能为学生未来的职业发展增加晋升的机会

专业学习、社会活动、课外兼职等对大学生的职业发展有着积极影响。大学生活为大学生向社会过渡起到了桥梁的作用，在大学期间培养的沟通能力、组织能力、表达能力、交往能力是大学生未来职业发展中的重要财富，能为个人职业发展增加晋升机会。

（四）大学生活能奠定学生较高的职业发展起点

大学教育已经逐渐由精英教育转向大众化教育，虽然上大学不再意味着端"铁饭碗"、进大企业，但是经历了高等教育的系统培养之后，我们就具备了从事起点更高的职位所要求的素质与能力。

二、经营好大学生活的方法

自己应该怎样去珍惜、把握短短几年的大学时光呢？这是每个学生都需要去思考和选择的问题。在大学期间，我们须做好四个方面的事情，即：学会学习，学会做人，学会做事，学会生存，从而为我们未来的职业生涯做好充分的准备。

（一）学会学习

大学是成才之所，是传播科学知识和专业技能的场所，是实施高等教育的场所。大学培养的不是今天的人才，而是明天、后天、未来的人才；大学教育不仅在于培训、培养专门人才，更在于造就人，让学生养成健全的人格、具有独立思考的能力，让大学生成为未来的学者和研究者。这也是大学与重在灌输知识的中学教育的主要区别。

1. 了解学习特点

（1）学习的自主性增强。进入大学后，大学生不仅要发挥学习的主动性，学会合理支配学习时间，制订学习计划，选修自己感兴趣的课程，还要广泛涉猎各种知识，成为复合型人才。

（2）学习的专业性增强。大学根据学科的不同设有多个系，各系又设有多个专业。要学好一门专业，就必须既懂理论又要懂操作，而实训课是培养高职院校学生专业能力的重要手段。

（3）学习途径多样化。大学生不仅要主攻专业知识（这是今后安身立命从事某项职业所不可或缺的），还要具备广和博的知识（这是将来生存、发展、待人处世等方面不可缺少的）。因此，大学生应从只学专业学科的狭隘思维中解放出来，将自己置于一个更广阔的思想空间，通过参加讲座、社团活动、青年志愿者活动等形式扩大知识视野，提高文化素质，强化专业技能。

2. 丰富大学学习内容

（1）专业理论知识。进入大学后，大学生的首要任务是学习专业理论知识。大学生要了解所学专业的人才培养方案，明确所学专业的培养目标、课程设置和就业方向，掌握每门课程的性质及地位、基本内容和学习方法。

（2）理性精神。大学是现代社会理性精神的前沿阵地。而如今，功利主义、读书无用论等偏激思想正在潜滋暗长，因此，大学生要树立理性的文化意识、人文意识，学会理性思考，重塑理性精神。

（3）人文精神。人文精神主要体现在师生对人文素质的追求上，大学的人文精神品格是一面具有强烈内聚力和感召力的旗帜。大学生要学习大学的人文精神，了解大学人文精神的形成历史及底蕴，从而提升自身价值。

（4）科学精神。科学不仅是人类征服自然、改造自然的手段，也是一种文化。大学提倡科学精神、求是精神。大学生要以科学的态度求知、科学的精神探求真理。

3. 掌握大学学习方法

（1）学会听课。中学老师讲课主要是介绍基础知识，为学生解答疑难问题；大学老师讲课侧重引导学生思考，培养学生的思维意识。因此，大学生上课时要积极思考，认真开展讨论，与同学产生思想碰撞。

（2）保持持续学习的能力。有的学生认为，进了大学就意味着进入了保险柜，便可以一劳永逸，放松学习了。其实不然，进入大学才算是真正意义上的“人生”的开启。鲁迅曾说过：“哪里有天才，我是把别人喝咖啡的时间用在工作上。”大学生如果不学会科学管理时间，以“三天打鱼，两天晒网”“做一天和尚撞一天钟”的方式来对待学习，就会迷失学习的方向，失去进入大学学习的真正意义。

（二）学会做人

学会做人是立身之本。习近平总书记指出：“高校立校之本在于立德树人。”大学期间，大学生不仅要懂得为什么要学做人，而且要知道怎么学做人，具体来说应注意以下几个方面。

1. 选择好榜样

好榜样可以是老师，也可以是同学。在大学校园里，老师不仅是传授知识的恩师，还可以成为生活中的益友。“三人行，必有我师焉。”身边的同学也可以成为我们学习的榜样，但要注意“择其善者而从之，其不善者而改之”。

2. 积极融入新环境

进入大学，面对新环境、新面孔，最好的办法就是以积极的心态去面对。在班级这个大家庭中，大学生要有集体荣誉感、团队精神、合作意识；与同学相处时，要以宽容的心态去对待他人，互相容忍、互相体谅、互相迁就，这样才能营造一个友好和谐的学习生活氛围。

3. 快乐自信

有些大学生自卑感很强，顾虑自己的缺点，认为自己一无是处，是只“丑小鸭”。有的大学生甚至认为就读职业院校会被歧视而抱有悲观、失望的态度。其实生活是否快乐，全在于自己对生活的态度和理解。无论自己处于什么样的境地，都应该持一种乐观的生活态度。一个人的心态决定了做事的态度，世界会因为你的好心态而绚烂多彩，也会因为你的坏心态而糟糕透顶。

4. 确立健康恋爱观

从现实来看，正确的恋爱观能促使人成熟，化爱情为力量，有利于学业的进步。但是，由于部分学生心理不成熟，不能正确面对恋爱尤其是失恋后的痛苦，从而出现各种负面影响，如影响学业、淡化同学友谊等。因此，大学生要学会正确处理好爱情与学业、爱情与人生的关系。

（三）学会做事

在大学期间，要想学会做事，就要形成几种观念。

1. 树立成才观

大学生是时代的骄子，是建设祖国的栋梁。大学生要树立正确的成才观，克服依赖性、脆弱性、虚荣心等，具备自我选择的能力。

2. 培养创新观

大学生要有创新的观念和勇气，敢于超越自我。特别是在当今这个时代，大学生必须培养自己的创新观，做到在实践（包括社会实践、生产实践、科学实践）中找方法，在问题中找答案，在表达中求完善。

（四）学会生存

“身体是革命的本钱。”大学生一定要注意锻炼身体，充分利用课余时间参加各种体育活动，强健体魄，培养积极向上的信念和顽强的意志；要注意心理上的健康。大学生只有具备了强壮的体魄、健全的心理，才能适应未来高速度的生活节奏和紧张工作。

我这样度过我的大学生活

——湖南食品药品职业学院药学院 2019 届毕业生王燕

大学是学习成长的地方，通过大学的学习，我们不仅可以掌握更多的知识，还可以不断提升自身的能力。进入大学后，我告诉自己不能枉费了三年时光，一定要管理好时间，规划好自己未来的职业发展方向。

一是扎实学习。大学三年，我除了认真听课外，还经常熬夜学习，由于自己的努力，我每学期成绩排名都是第一，多次拿到学校和国家奖学金。

二是锻炼个人能力。我在学习的同时，还参加一些学校社团提高自己的能力，参加社会实践活动增加阅历，认识社会。我利用双休日做过很多兼职，如超市促销员、食堂打餐员、客服人员等。三年的大学生活结束时，我的支付宝账户的存款已达五位数，我仅花费了父母 1 000 元的生活费。

三是培养高雅的业余爱好，提高自己的情趣。我酷爱英语，每天都去中医药大学偶遇外国人，目的是加强口语练习；坚持在可可英语 App 听 BBC，随时随地听英语新闻；还去英语机构当过助教。

三年充实而忙碌的学习和生活，让我对自己有了更清晰的认识，毕业后，我调整自己的职业生涯目标——考取公务员。为了实现自己的愿望，我努力备考了两年。为了减少花销，我没有找培训机构，坚持自学，两年看了四箱备考书，刷了上万道题……当年的岗位招考比例是 283 ∶ 1，我竟然取得了笔试第一名、面试第一名的好成绩，成功入职一家事业单位。

回想上大学以来的这些年，我感谢自己一直怀揣梦想，经过不懈的努力，实现了自己的一个个愿望。虽然读书不是唯一的出路，但一定是最好走的路！

第三节 高职教育

一、高职教育的发展前景

《中华人民共和国职业教育法》首次以法律形式明确“职业教育是与普通教育具有同等重要地位的教育类型”，并通过推进普职融通等顶层设计，真正实现职业教育从“层次”到“类型”转变。该法明确国家统筹推进职业教育与普通教育协调发展；明确职业教育是为了培养高素质技术技能人才，使受教育者具备从事某种职业或者实现职业发展所需要的职业道德、科学文化与专业知识、技术技能等职业综合素质和行动能力而实施的教育；明确职业学校学生在升学、就业、职业发展等方面与同层次普通学校学生享有平等机会，禁止设置歧视政策。

2021 年 10 月 12 日，中共中央、国务院印发了《关于推动现代职业教育高质量发展的意见》(简称《意见》)。《意见》提出主要发展目标：到 2025 年，职业教育类型特色更加鲜明，现代职业教育体系基本建成，技能型社会建设全面推进。办学格局更加优化，办学条件大幅改善，职业本科教育招生规模不低于高等职业教育招生规模的 10%，职业教育吸引力和培养质量显著提高。到 2035 年，职业教育整体水平进入世界前列，技能型社会基本建成。技术技能人才社会地位大幅提升，职业教育供给与经济社会发展需求高度匹配，在全面建设社会主义现代化国家中的作用显著增强，《意见》首次提及“2025 年职业本科招生目标”和“鼓励上市公司举办职业教育”。

2021 年，习近平总书记对职业教育工作做出重要指示，“在全面建设社会主义现代化国家新征程中，职业教育前途广阔、大有可为”，提出“加快构建现代职业教育体系，培养更多高素质技术技能人才、能工巧匠、大国工匠”的明确要求。

综上所述，国家将职业教育摆在了教育改革创新和经济社会发展中更加突出的地位，从制度、产业、技术、人才等方面提出多项配套支持措施，按照“十四五”规划部署，围绕“增强职业技术教育适应性”和“开展职业教育提质扩容工程”两大重点促进职业教育行业蓬勃发展，加深科技创新、社会资本等多种元素的参与程度。这一系列政策红利为职业教育及其相匹配的上下游产业提供了广阔的发展空间。

二、高职教育与应用型本科教育的区别

（一）高职教育与应用型本科教育人才类型和人才规格的比较

高职教育和本科教育有办学层次、人才规格之别，无优劣之分。高职教育和应用型本科教育各有特色。高职教育与应用型本科教育人才类型和人才规格的比较如表 1-1 所示。

表 1-1　高职教育与应用型本科教育人才类型和人才规格的比较

比较项目	高职教育	应用型本科教育
人才类型	职业技能型应用人才，生产、建设、管理、服务一线的具体操作	工程技术型应用人才，生产、建设、管理、服务一线的具体操作，新技术或新方案转化的执行者
知识规格	专业知识面较窄、深度浅，知识不系统	专业知识面较宽，深度一般，技术知识有一定的系统性
能力规格	动手能力单一，具体操作能力较强，学习能力一般	理论知识运用能力、综合操作能力、学习能力较强，有一定可持续发展能力
素质规格	职业素质，心理定位较实际	学术与职业素质兼备，心理定位较高
就业面向	服务区域经济和社会发展，行业、专业群，但职业岗位较具体	服务区域经济和社会发展，行业、专业集群，职业岗位较宽泛

从表 1-1 可以看出，高职教育以服务为宗旨，以就业为导向，以培养适应生产、建设、管理、服务等一线的高素质技能型人才为目标，让学生能“下得去，用得上，留得住”。而应用型本科教育人才类属于技术应用型人才，与高职技能型人才相比，既有共同属性，如职业性、实践性、技能性，都是面向现场一线，又在知识学习和能力训练的侧重点上有一定的差别，如从综合素质和就业面向的比较来看，应用型本科教育人才就业面更宽泛一些，发展弹性更大一些，岗位的技术含量和管理层次也相对较高，是一种职业能力上的升华。

（二）高职教育与应用型本科教育课程开发模式和课程体系的比较

高职教育和应用型本科教育是两种不同的教育类型，在课程开发模式和课程体系等方面的差异较大，具体如表 1-2 所示。

表 1-2 高职教育与应用型本科教育专业课程开发模式和课程体系的比较

比较项目	高职教育	应用型本科教育
学制	3 年	4 年
学历学位和证书要求	专科学历证书，无学位，必须有职业技能证书	本科学历证书，学士学位，职业技能证书有无都可
培养模式	“2 + 1”“2.5 + 0.5”模式	“3.5 + 0.5”模式
哲学基础	实践论：相对来讲，动手成分多，动脑成分少	实践论：相对来讲，动脑成分多，动手成分少
学科基础	专业学科为主	技术学科为主
课程开发模式	与企业共同开发，按照就业岗位（群）、职业所需要的能力或能力要素为核心展开；用“倒推法”开发课程，引入职业标准作为技能考核标准	鼓励企业参与，但主要是教育专家根据学科知识结构的内部逻辑展开；将课程划分为基础课、专业基础课和专业课，从“职业技能要求”与“知识体系要求”两方面开发课程
理论教学	少而精，以必需、够用为度，强调知识的针对性和实用性	宽基础，对知识或专业理论的系统性、完整性和应用性都强调
实践教学	实验或实训：实用、实际、实效，实践学时占总学时不低于 50%	实验：实用、实际、实效、综合，实践学时占总学时的比重不低于 25%

由表 1-2 可以看出，现在高职教育的培养模式基本上是“2 + 1”模式，即前两年主要在校集中完成素质课、专业基础课和专业课学习，第三年到实习单位顶岗实习，而应用型本科教育的培养模式是“3.5 +0.5”模式，即前 3.5 年主要在校学习，最后半年在校或企业进行实习、毕业设计（论文）。高职教育课程体系开发强调与企业共同合作，行业企业的意见最为重要，课程设置主要取决于就业岗位（群）、职业的需要，用“倒推法”来构建课程体系，而应用型本科教育课程体系开发则要求兼顾职业需要和较完善的知识体系需要，教育专家的意见所占比重较大。高职生和本科生在知识上的区别主要体现在深度和广度上，高职生的知识更加注重实用性和针对性，以够用为度，实用为先。从实践教学环节的比较来看，高职教育更加注重实践教学，实践与理论学时之比往往可以达到 1 ∶ 1，而本科教育则要求不少于 1 ∶ 3，相比之下，实践学时比重较少。

（三）高职教育与应用型本科教育教学模式、学习方式等的比较

高职教育与应用型本科教育在人才规格内涵和课程开发模式方面的不同，决定了两者在教学模式、学习方式、条件保障、师资队伍要求、发展道路等方面也有明显差异，具体如表 1-3 所示。

表 1-3　高职教育与应用型本科教育教学模式、学习方式等的比较

比较项目	高职教育	应用型本科教育
教学模式	实践活动项目本位模式，如工学结合，工学交替、任务驱动、项目导向、顶岗实习	实践活动项目与学术两个模式，理论、实践合理结合
学习方式	强调学中做，做中学，教学做合一，学生对理论知识的接受能力较差，更注重技能的熟练性和针对性练习	强调理论和实践结合，注重启发式教学和研究性学习，学生对理论知识的接受能力较强，知识和技能同等重要
条件保障	学校、企业同等重要，实验实训为主，强调校企合作办学	学校为主，重视企业，强调校企合作育人；理论与实验或实训同等重要
师资队伍	要求有一定数量的“双师型”专任教师，来自企业的高技能水平的兼职教师较多	要求教师具备较高学历背景和双师素质，来自企业的兼职教师较少
发展道路	以服务为宗旨，以就业为导向，产学结合。对校企合作和“双证书”制度强调得多一点	以服务为宗旨，以就业为导向，产学研结合。对科研和社会服务方面强调的多一点

从表 1-3 可以看出，高职教育提倡任务驱动、项目导向、订单培养，工学交替，集中顶岗实习等教学模式，强调学中做，做中学，教学做合一，故高职学生的专业技能操作的熟练程度和顶岗能力往往处于优势；本科生由于学制多了一年，且其实践环节中对综合实验和毕业论文（设计）的要求较高，从专业能力的发展后劲儿以及综合能力来看，要比高职学生略胜一筹。高职教育较多强调校企合作办学，产学结合，校企合作层次要求高；而应用型本科教育则强调校企合作育人，产学研合作，校企合作层次低，对科研成果创新和社会服务方面则强调得多一点。从师资队伍要求来看，高职教育由于校企合作层次高，“双师型”教师占比较高，“双师型”教师不仅有学校自身培养的，还有众多来自企业内部的技术能手或工程师。而应用型本科教育则要求有一定数量的教师具备双师素质，他们在专业技能上比高职教师要求低，在科研背景和科研能力上要求高。应用型本科教育的发展道路显示了“应用特色 + 本科底蕴”的特征，既强调办学的就业导向和服务宗旨，又强调通过产学研合作方式来促进教学水平、科研水平、服务社会职能的同步发展。

第四节 行 业

一、医药行业

随着我国经济的迅速发展，国民收入迅速增加，人们生活水平显著提高。人们最基本生理需求得到满足后，会不断增加健康的需求，从而增加对药品的需求量。另外，随着我国社会保障制度的不断完善、医疗卫生水平的逐步提高和人们生活质量的提升，“人口老龄化”程度逐渐提升，人们对卫生保健的需求、对药品的需求也不断增加。显然，这些都会扩大我国药品消费市场，为我国医药行业的迅速发展提供了良好的市场机遇。中国医药行业现状如下。

（一）医药需求增长

在中国经济高速发展和医疗需求的共同影响下，中国医药市场保持着较高的增速，2017—2021 年市场规模年复合增长率为 2.7%，2021 年达到 1.6 万亿元。随着国家推进药品附条件上市和优先审评审批等制度的实行，以及不断加大的医保支持力度，预计到 2025 年中国医药市场规模将达到 2.1 万亿元。

（二）行业营收持续增长

中国经济的快速发展，人民支付能力的增强，同时在医疗制度改革的背景下，更多人享受到了医疗保健服务，有效促进了医药市场容量提升。

近几年，我国医药行业营业收入呈现先降后增的趋势，利润总额总体呈增长态势。有关数据显示，2021 年我国医药行业营业收入达到 29 288.5 亿元，同比增长 20.1%，行业实现利润总额达到 6 271.4 亿元，同比增长 77.9%。2022 年上半年，医药行业实现营业收入 1 879.9 亿元，同比增长 12.9%，环比增长 4.9%。

（三）医药企业数量持续快速增长

有关数据显示，我国现存中医药相关企业超过 168 万家。近 10 年来，我国中医药相关企业新注册量不断增加。2018 年新增中医药相关企业 20.5 万家，新增量同比增长 7.17%。2019 年新增 19.23 万家，新增量同比减少 6.20%。2020 年新增中医药相关企业 25.21 万家，新增量同比增长 31.10%。2021 年新增 27.31 万家，新增量同比增长 8.33%。2022 年新增

28.79 万家，新增量同比增长 5.42%。

（四）医药电商行业发展迅速

随着互联网的普及，人们的医疗需求发生转变，越来越多的人开始通过互联网渠道买药，中国医药电商行业由此进入快速发展的阶段。

二、食品行业

（一）食品行业的含义及相关学科

食品行业是对农、林、牧、副、渔等部门生产的产品进行加工制造以取得食品的生产部门，与人们生活密切相关。它包括的门类非常广泛，通常大致分为 10 类，即制糖工业、发酵工业、粮油加工、罐头食品加工、烟草工业、饮料工业、调味品工业、屠宰加工、食品冷藏工业及食品加工废料利用工业。2021 年 3 月，《中华人民共和国国民经济和社会发展第十四个五年规划和 2035 年远景目标纲要》提到，要大力发展绿色食品产业，支持绿色食品等重大项目建设，完善食品药品质量安全追溯体系。食品制造产业加快跃向万亿级，壮大绿色食品产业链，形成具有竞争力的万亿级产业集群。

营养与食品安全专业作为一个新兴学科，涵盖和涉及的分支学科多。该专业主要研究食品卫生、营养与健康的关系，以及食品质量、食品安全和卫生监督管理等，是公共卫生与预防医学一级学科的重要组成部分；要求相关从业人员有扎实的基础知识和基本技能，了解疾病的防治，掌握饮食辅助疗法，能够对食物中的基本成分进行定性和定量分析测定，同时掌握与食品相关的法律法规，能够胜任与营养与食品安全专业相关的管理工作，具有正确的世界观、人生观、价值观和良好的道德品质。

（二）食品行业现状

1. 食品行业“内循环”

（1）国家政策利好支持。近年来，行业监管部门为加强食品安全及促进食品行业的健康发展，通过政策和法规在一定程度上提高了食品行业的准入门槛。

（2）食品企业工业增加值。2021 年 1 ～ 12 月份，农副食品加工业增加值同比增长 7.7%，食品制造业增加值同比增长 8.0%，酒、饮料和精制茶制造业增加值同比增长 10.6%。2022 年 1 ～ 6 月份，农副食品加工业增加值同比增长 3.3%，食品制造业增加值同比增长 4.1%，酒、饮料和精制茶制造业增加值同比增长 8.4%。

（3）食品企业营业收入。我国食品制造业经营规模扩大。2021 年 1 ～ 12 月，全国食品工业规模以上企业实现利润总额 6 187.1 亿元，同比增长 5.5%。其中，农副食品加工业实现利润总额 1 889.9 亿元，同比下降 9.2%；食品制造业实现利润总额 1 653.5 亿元，同比下降 0.1%；酒、饮料和精制茶制造业实现利润总额 2 643.7 亿元，同比增长 24.1%。2022 年 1 ~ 6 月份，粮油、食品类商品零售类值累计值 9 031.8 亿元，同比增长 9.9%；饮料类商品零售类值累计值 1 473.6 亿元，同比增长 8.2%；烟酒类商品零售类值累计值 2 475.2 亿元，同比增长 6.7%。

2. 食品行业“外循环”

海关统计数据显示，2022 年，我国进出口食品近 1.9 万亿人民币，同比增长 10.3%。其中，出口 5 091.8 亿元，同比增长 10.0%；进口 13 872.7 亿元，增长 10.4%；逆差 8 780.9 亿元，进出口增长水平接近。就进出口产品种类看，食用水产品、蔬菜及食用菌和干鲜瓜果及坚果为主要出口食品；粮食、肉类（包括杂碎）、食用水产品主要进口食品。

3.“双循环”下食品行业发展前景

（1）国家产业政策的大力支持。食品行业多以鱼肉制品、禽肉制品以及大豆、蔬菜等农副产品为原材料，同时覆盖机械制造、包装运输、批发零售、服务等行业，在产业链中的地位较高。近年来，在国家产业政策的支持下，食品行业的产业结构持续调整，资源配置持续优化，相关企业技术水平持续升级。国家产业政策的支持有助于行业内细分龙头企业不断发展壮大。

（2）居民收入水平持续提高，市场需求不断扩大。近年来，我国居民收入水平持续稳定提高。通常情况下，食品的消费与居民的收入水平息息相关，收入水平越高，相关的消费开支也越大。居民收入水平的稳定增长带来了消费升级和产业转型，催生出了食品行业总体稳健的发展趋势。

（3）行业进一步规范化发展，消费者食品安全意识不断增强。为贯彻《中华人民共和国食品安全法》，落实推进健康中国建设和实施食品安全战略整体要求，切实保障公众饮食安全健康，促进社会经济健康发展，食品产业相关政策陆续出台，一方面引导行业走上更规范的轨道，另一方面推动产业高质量发展。随着社会对食品安全问题关注度越来越高，消费者的食品安全意识也得到了普遍的加强。饮食安全成为消费者关注的热点，消费者开始转向选购更值得信赖、在行业内具有较好声誉的品牌产品，这对食品行业的良性发展和竞争起到了积极作用。

拓展阅读

新时期药师职业素质

随着时代的发展，医院药科的工作模式已由过去的“以药物为中心”逐渐向“以患者为中心”转变，医院药师不但要向患者提供直接的药品服务，而且要开展临床药学工作，以确保患者安全、有效、经济、合理地用药，以专业技术服务人类健康。随着新医改的不断深化和医院药学的发展，提高药师的素质已成为明确的要求。药师的素质是保证药品工作质量的关键，只有拥有了高素质的药师队伍，才会拥有高质量的药学服务，因此，加强医院药师队伍的素质培养是十分必要的。

1. 扎实的药学专业知识和过硬的岗位技能

无论是从事门诊药房的处方调配，还是住院药房的病区发药或是药库的供应保管工作，在岗人员都必须经过系统的药学专业理论知识的学习和国家相关部门的考核，熟悉对“四查”“十对”、特殊药品的管理、效期监控、药品的储存与养护、药品的拆零使用、不合格药品的监督管理等一系列的岗位操作规范和工作制度，以及与药品相关的法律法规，对业务精通熟练。

医院药学服务的核心是药师通过审方、用药指导、咨询服务等将药学知识全方位地融入为患者服务的全过程。药师根据所学的专业知识判断处方用药是否合理、是否存在配伍禁忌；对药品品名、规格、用法用量、不良反应、注意事项等药品说明书内容了如指掌，能运用时辰药理学知识确定最佳给药时间，指导患者科学用药，发挥药物的最佳治疗效用，增强患者战胜疾病和早日康复的信心。

2. 丰富的医学专业知识和人文科学知识

医学是一门自然科学与人文科学交叉融合、交汇渗透的综合学科，患者是一个个有生命、有情感的人，只有具备较深厚的医学临床知识和人文知识底蕴的药师，才能真正深入临床，与医护人员及患者顺利沟通。

3. 积极的科研精神

药师应积极参与药品不良反应监测、药物经济学分析等工作；具有良好的药患沟通宣传能力，当好医师的参谋。处在领导岗位的药师除了业务过硬外，还要有一定的组织管理能力，如构建科室文化、制定各种规章制度并组织实施与监督。

4. 良好的精神风貌

药师应爱岗、敬业、乐群，具有较强的与患者沟通的能力，正确巧妙地处理窗口服务中遇到的问题，把发药窗口作为一个展现药师风采的平台；在每天面对着络绎不绝的人流和源源不断的药品时，不能心烦意乱，应始终保持精力集中、耐心细致，尽力达到“发药零差错”，避免窗口纠纷，让患者满意；不断地学习，强化自己的专业技能。不但要做到这些，还需要药师具有健康的身体素质和良好的心理素质。

第五节 职业生涯规划

一、职业生涯的含义和特征

（一）职业生涯的含义

微课
职业生涯的含义与特点

在《现代汉语词典》（第7版）中，“生”有活着的意思，“涯”泛指边际。通俗地讲，生涯就是人的一生。职业生涯即事业生涯，又称职业发展，简单地说就是一个人一生连续担负的工作职业和工作职务的发展道路，是一个人的终身职业经历，包括就业形态、工作的经历及与职业相关的活动等。

（二）职业生涯的特征

研究职业生涯的特点可以帮助大学生更好地进行职业生涯设计。从总体上看，职业生涯主要有以下几个特点。

1. 可规划性

规划职业生涯的目的不是预言职业生涯发展过程中的具体细节，而是给个人提供一个总体的职业生涯发展状态的指导，战略性地把握职业生涯发展的方向。职业生涯发展过程中存在很多偶然性因素，职业生涯的可规划性正是表现在对职业生涯发展过程中许多偶然性因素的把握上。

2. 独特性

个人作为独特的个体，在出生背景、教育状况、天资禀赋、性格、气质、能力特点上都各不相同，每个人的理想追求、努力程度等也不相同，这就决定了每个人所选取的职业路径必然是迥异的。

3. 阶段性

职业生涯的发展过程可以划分为不同的阶段。每个阶段都有不同的目标和任务，各个阶段之间并不是并列关系，前一阶段的状态是后一阶段的基础，各个阶段之间具有连续性和递进性。利用好职业生涯发展的阶段性，高质量地完成各阶段的任务，对个人职业生涯的持续发展至关重要。

4. 发展性

职业生涯是一个动态的发展过程。一方面，个体可以通过持续不断的努力来提高个人能力和职业水平，通过实现职业追求来提升个人价值，从而承担起越来越重要的社会角色；另一方面，个体在与他人、环境和社会的互动中，可以根据已有的社会职业信息、职业能力、职业生涯决策技术，设计出与该阶段相符合的职业生涯规划。

（三）市场经济条件下职业生涯发展的特点

1. 节奏快——社会经济发展快，职业更替速度快

在市场经济条件下，经济活动高速发展，商业活动频繁活跃，人们在生活中的各种需求层出不穷，并不断被深化和细化。一些旧职业快速消失，一些新职业快速出现。

2. 变数大——职业内涵在变，职场竞争形势在变

随着市场经济的不断发展，职业环境发生了巨大的甚至根本性的改变——职业名称没变，已经具备了全新的职业内涵，从业者必须具备全新的知识和技能。人才自由流动使得职业竞争空前激烈。

3. 机会多——选择机会多，发展机会多

当代社会为我们提供了广阔的职业舞台、宽泛的职业选择，我们在有机会拥有更自主、更成功，也更快乐的人生的同时，也面临更艰巨、更复杂和更有风险的选择，甚至可能遭遇更深切的痛苦。个人可以尝试多种职业，最终选择自己最喜欢的职业，做自己职业生涯的主人。

二、职业生涯规划的概念、类型和特点

（一）职业生涯规划的概念

职业生涯规划又称生涯规划、职业生涯设计，是指在对职业生涯的主、客观条件进行测定、分析、总结的基础上，综合分析与权衡自己的兴趣、爱好、能力、特点，结合时代特点，根据自己的职业倾向确定最理想的职业奋斗目标，并为实现这一目标做出的行之有效的安排。

微课
职业生涯规划的含义

（二）职业生涯规划的类型

职业生涯规划按完成各阶段生涯的时间长短，可分为以下四种类型。

1. 短期规划

短期规划一般是指为 2 年以内的职业生涯规划，主要确定近期的目标，规划近期要完成的任务。

2. 中期规划

中期规划一般是指规划 2 ~ 5 年要达成的目标和完成的任务。人们一般把个人职业生涯规划的重点放在中期规划，这样有利于根据实际情况随时进行调整。

3. 长期规划

长期规划一般是指为 5 ~ 10 年的职业生涯规划，主要制订较长远的目标以及为实现目标所采取的措施。

4. 人生规划

人生规划即整个职业生涯的规划，时间可达 40 年，主要设定整个人生的发展目标。

（三）职业生涯规划的特点

1. 可行性

职业生涯规划时要切实可行，从个人的实际出发，不能是美好幻想或不着边的梦想。

2. 适时性

职业生涯规划的作用是预测未来的行动，确定将来的目标，因此，各项主要行动何时实施、何时完成，都应有时间和时序上的妥善安排，以作为检查行动的依据。

3. 灵活性

未来的职业生涯目标与行动涉及很多不确定的因素，因此职业生涯规划应有弹性。随着外界环境和自身条件的变化，个人应及时调整自己的职业生涯规划，以增强其适应性。

4. 持续性

职业生涯目标是人生追求的重要目标，职业生涯规划应贯穿人生发展的各个阶段。人只有通过不断地调整和持续地进行职业活动，才能最终实现职业生涯目标。

三、规划职业生涯的意义

微课
大学生进行职业生涯规划的意义

有的大学新生认为，职业生涯规划离自己还很远，其实不然，职业生涯越早规划越好。经过几年专业知识的学习，大学生需要找到一个适合自身发展的平台，如果不进行职业生涯规划，就匆匆就业，必然会造成时间、精力上的消耗，甚至可能影响自己人生的价值。给自己的职业生涯设定目标，找出达成目标所需要采取的步骤和行动措施，可以让自己的人生更有希望和意义。在职业生涯规划中，目标的制订是一个探索的过程，这个过程可以帮助一个人逐渐去厘清生命的价值和意义，并用行动去实现它。因此，职业生涯规划对大学生的职业发展具有较强的现实意义。

（一）有利于明确发展目标

一份行之有效的职业生涯规划将会引导大学生正确地认识自己，分析自己的兴趣、性格、能力、价值观以及现有与潜在的资源优势；帮助大学生重新对自己的价值进行定位并使其持续增值；帮助大学生对自己的综合优势与劣势进行对比分析，评估个人目标与现实之间的差距，树立明确的职业发展目标与职业理想。

（二）有利于明确就业方向

部分大学生缺乏职业生涯规划的指导和长远打算，频繁换工作，非常不利于自己的职业生涯发展，这是因为频繁换工作不仅难以让自己在一个适合的工作岗位上积累必要的工作经验，为今后的职业发展奠定坚实的基础，还会影响自己职业的稳定和发展。不具备一定的职业技能和经验，或频繁换工作的求职者，很难受到用人单位的青睐。而对职业生涯进行过系统规划的大学生一般有明确的职业定向，能在真正双选的基础上找到一个相对适合自己的职业，从而降低因人职不匹配而出现的离职率。

（三）有利于增强就业竞争力

一份行之有效的职业生涯规划可以帮助大学生学会运用科学的方法，有针对性地学习及参加各种相关的培训和实践，充分发挥自己的长处，挖掘自己潜在的能力，不断增强自身的职业竞争能力。从人力资源的角度出发，用人单位非常看重员工的职业生涯规划是否与公司的发展一致。之所以职业生涯规划清晰的求职者深受用人单位欢迎，因为其求职意向是经过深思熟虑的。

（四）有利于发挥个人潜能

一份行之有效的职业生涯规划能使大学生全神贯注于自己有优势且有高回报的行业，学会如何采取可行的步骤与措施，这样有助于发挥自己的潜力，最终实现目标。

（五）有利于工作激励

“凡事预则立，不预则废。”很多时候，职业生涯受挫就是因为职业生涯规划没有做好。制订职业生涯规划有助于个人抓住工作和学习的重点，按照轻重缓急安排事情，增加职业生涯成功的概率。

（六）有利于评估目前工作成绩

职业生涯规划为自我评估提供了重要的考评手段，大学生可以根据职业生涯规划的进展情况评价目前取得的成绩。

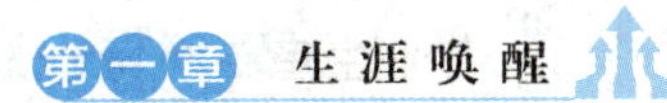

四、制订职业生涯规划的基本原则

大学生制订职业生涯规划的目的是为进入工作阶段做好各种准备。职业生涯规划具有很强的导向性，要求个人定位准确，路线选择正确且措施得当、方案科学。为了达成这个目标，大学生在制订职业生涯规划时，既要立足社会需求，又要结合所学专业和本人实际。具体要遵循以下原则。

（一）职业生涯规划与社会需求相适应原则

职业活动作为一种社会活动，必然会受到社会需求的制约。如果个体的职业观念和职业生涯规划脱离了社会需求，那么其职业活动很难被社会接纳。因此，大学生在进行职业生涯规划时应看清现实社会与未来的发展趋势，把握社会对人才的需求状况，以社会需求作为出发点和归宿，确保个人能力与社会需求相统一、个人愿望与社会需求相结合，使职业生涯规划具有现实性和可行性。

（二）职业生涯规划与所学专业相符合原则

每个专业都有特定的培养目标和就业方向，这是职业生涯规划的基本依据。若个体的职业不能与其专业相符合，则个体势必付出转换成本，这对于个人和社会而言，都是巨大的资源浪费。因此，大学生在进行职业生涯规划时一定要分析自己所学的专业，强化专业知识与技能，以专业特色和能力要求为导向，规划自己的学习与生活，力求未来从事的职业与所学专业相符合。

（三）职业生涯规划与自身实际相结合原则

大学生在进行职业生涯规划时一定要结合自身实际，通过职业生涯规划相关的测评认清自己，将职业生涯规划与自己的个性倾向、人格特质及能力特长等方面相结合，准确定位，充分发挥自己的优势，只有这样，才能达到人尽其才、才尽其用的状态。

（四）时间梯度原则

为了充分利用宝贵的生涯时间，按期完成规划任务，大学生应根据人生的不同发展阶段和不同生涯周期把职业生涯规划分解为若干个阶段，每个阶段细化为多个时间段，每一个时间段都设置“起点”和“终点”，即“开始执行”和“完成目标”两个时间坐标，否则职业生涯规划的执行就会陷入空谈。

（五）阶段性综合评价原则

综合评价原则即个体应对职业生涯规划进行全过程和全方位的综合评价。个体的职业发展是分阶段进行的，发展目标也是分阶段实现的，个体在实施职业生涯规划的过程中应注意评价阶段目标的完成情况，并适时反馈和调整，以使职业生涯朝着正确的方向发展。

五、职业生涯规划行动计划

“千里之行，始于足下。”职业生涯规划制订得再好，如果不落实到行动上，就不可能实现既定目标。职业生涯规划的实施是大学生依次实现各个阶段性目标，逐步向最终目标推进的过程。

下面以三年制高职教育为例进行讲解。一般来说，高职教育可以分为探索期、定向成长期和冲刺期三个阶段。大学生可以分阶段实施职业生涯的行动计划。

（一）大学一年级——探索期

在这一时期，大学生应迅速实现角色转换，确定自己的学习目标，调整自己的学习方式，尽快适应大学生活，同时树立职业生涯规划意识。具体实施策略如下。

1. 了解本专业人才培养规格

专业人才培养规格是学校按照国家政策和人才市场导向制订的符合专业教育培养目标的综合素质要求，是对各专业人才培养的方向和所要达到的目标的概括性描述。一般来讲，各个学校都会根据自身的学术水平、社会影响等确定专业人才培养规格。大学生通过了解本专业的人才培养规格，能够明确所学专业在所有学科中的地位、专业的发展现状及未来的发展空间。

2. 培养自己的学习兴趣

大学第一年，大学生必须完成由被动学习向主动学习的转变，主动地阅读书籍和掌握新的知识，从而开阔自己的视野，建立自己的知识体系。兴趣是一个人最好的老师，兴趣会帮助大学生打开通往理想的大门。现代化的教学手段及网络的广泛应用为大学生学习兴趣的培养提供了良好的外部环境。

3. 探索适合自己的学习方式

大学时期的学习带有很强的专业定向性，这就要求大学生必须在某个专业领域内进行有针对性的学习。相对中学教育而言，大学的上课时间较少，学生自学时间较多，老师在上课的时候一般只讲知识的重点、难点，讲课进度比较快，许多内容都需要大学生在课后自行消化。大学生应该综合分析自己的实际情况和专业情况，主动探索合适的学习方式。

4. 树立职业生涯规划意识

大学生应在大学一年级就对自我和职业进行探索，树立职业生涯规划意识。大学生可以通过测评工具全面、客观地探索自我和职业，思考有哪些职业与自己的性格、兴趣及所读的课程、专业相吻合；之后通过网络、报纸杂志和访谈等渠道进一步了解这些职业。

（二）大学二年级——定向成长期

在这一时期，大学生应提升自己的专业技能，提高自身的综合素质。具体实施策略如下。

1. 全面打牢专业基础

大学生应掌握扎实的专业基础知识，提高英语应用能力和计算机操作能力，掌握现代职业人所应具备的基本技能。同时，还应根据自己的职业发展意愿选定专业或主攻方向，有选择地辅修其他相关课程，报考与职业生涯目标相关的职业资格考试并获取相关证书，为将来顺利就业打下良好的基础。

2. 锻炼综合素质能力

大学生应通过参加学校各类社团、团干志愿者活动以及兼职，有意识地扩大自己的交际圈，主动学习社会技能，加强与职场人士的交往，学会与不同类型的人沟通、交流，培养独立处理人际关系的能力；学会尊重自己、尊重他人，培养自己的抗挫折能力；培养自己的组织协调能力和团队合作精神，锻炼自己的独立思考能力，全面提升自身综合素质，培养健全的人格。

（三）大学三年级——冲刺期

在这一时期，大学生应确定就业意向并做好充分的求职准备。具体实施策略如下。

1. 科学地确定就业意向

大学生应科学地确定自己的就业意向。例如，根据自己的学历和所学专业考虑就业的领域、行业、职业和职位；结合自身的性格、气质类型、兴趣特长及其他客观条件，考虑就业的地域、单位的性质等。

2. 积极参加社会实践

大学生不仅应熟练掌握本专业的理论知识，还应在实践中熟练运用这些知识。大学生应积极参加社会实践活动，完成见习、顶岗实习等活动，且最好能长期坚持从事与自己未来想从事的职业或本专业有关的工作，积累一定的职业经验，锻炼自己的实践操作技能，增强自己的责任感和抗挫折能力，从而提高自己的综合素质。

3. 做好充分的求职准备

大学生应留意学校就业指导中心信息栏和其他重要的招聘渠道，了解招聘单位的相关信息，准备好求职材料，如求职信、简历、相关证书等；积极参加招聘活动，了解职场礼仪，掌握求职面试技巧，在实践中检验自己的综合能力。此外，还应主动了解劳动政策和法规，学会维护自己的劳动权益，学会调适就业心理，始终保持平和、积极的心态。

大学阶段是非常特殊的一个学习阶段，学习目标应该与未来的职业发展目标紧密结合。大学生制订的职业生涯目标应该分阶段完成，同时根据自己的个性特征和所学专业特点的匹配程度考虑实施的可能性。在具体目标的制订过程中，大学生需要分析个体职业生涯发展的素质与资源对自身职业发展目标的支持程度，以增强目标的可行性。

拓展实践

实践一 撕思人生

（1）在一张白纸条上画一条长线段，并在线段起点处写上你的出生日期和年龄0岁，在线段终点处标注你预测的自己的死亡年龄。

（2）在线段的适当位置标注你现在的年龄，并将这之前的线段撕下来。

（3）在剩下线段的适当位置写出你认为今后的人生阶段中最想实现的三个愿望。

（4）在线段的适当位置标注你想功成名就的年龄，并将这之后的线段撕下来。

现在剩下线段的部分有多长？这个线段表示的时间是多少？（我们可以用来努力学习和工作的时间）

实践二 选择高职的理由

请你根据所了解的高职教育的知识，谈谈自己选择高职的五个理由。

（1）我之所以上高职，是希望 / 因为：________________________________

（2）我之所以上高职，是希望 / 因为：________________________________

（3）我之所以上高职，是希望 / 因为：________________________________

（4）我之所以上高职，是希望 / 因为：________________________________

（5）我之所以上高职，是希望 / 因为：________________________________

实践三 职业生涯幻游

请想象自己穿越时空，到了10年之后的未来，想象10年后的今天自己是什么样子，并填写表1-4。

表1-4 职业生涯幻游

问　题	未来愿景	重　要　性
你在哪里		
你在那里做什么		
你和什么人在一起		
你当时的心情怎样		
当地的网站报道了你，报道的具体内容是什么		

续表

问　　题	未来愿景	重 要 性
报道中引用了你说的一段话，那句话是什么		
你在这一天还要做什么		
你还看到了什么画面？你对未来还有什么愿景		

第二章 自我探索

学习引导

你是否还记得自己是怎样填报高考志愿的？有没有征求家长、老师的意见？是不是家长代填？有没有考虑自己的兴趣？对自己选择的大学是否满意？进入大学后对自己的专业是否满意？你真正喜欢的专业是什么？你能否确定你自己真正喜欢的专业？其实，除了兴趣外，性格、价值观、个人素质、能力结构等都会影响个人的职业生涯。因此，自我探索是个人成长中非常重要的一环。本章讲述我们如何借助理论和测试，去探索自我、发现自我、了解自我，对自我做一番深入的思考，为职业生涯规划打下坚实的基础。

学习目标

1. 了解：自身性格、兴趣、能力、价值观及其对职业生涯的影响。
2. 熟悉：自我的内涵、自我探索的方法。
3. 掌握：自我探索的方法。

案例导入

扎根基层，无悔青春

曾云，女，1997年9月出生于湖南湘潭，2018年6月毕业于湖南食品药品职业学院药学院。她2017年6月加入中国共产党，在校期间曾担任学校学生会生活部部长、班级班长，并荣获“优秀团员”“优秀学生干部”称号。

2018年8月，她在学校看到大学生志愿者的宣传语“到西部去、到基层去，到祖国最需要的地方去”后，放弃了在大城市工作的优越条件，怀揣着服务群众、奉献基层、实现自我的梦想，毅然地报名了“大学生志愿服务西部计划”项目，光荣地成为一名志愿服务西部计划的志愿者。之后两年，在各级领导、同事的关心和帮助下，她顺利完成了领导安排的各项任务。她在平凡中坚守着岗位，在西部服务道路上续写不悔青春，用实际行动诠释了“干一行，爱一行”的责任和使命。

2020年7月，曾云作为家中的大女儿，因为离家实在太远，父母年迈体弱，不得不申请结束服务期，回到湖南。她在回来后看到武汉正在实施“三支一扶”计划，当时的武汉疫情刚刚褪去，许多人心有恐惧，而她却再一次逆行而上，因为她被武汉这座英雄城市抗疫时的精神所感动。

议一议

（1）曾云选择职业时受到了哪些因素影响？

（2）你期望的工作是怎样的？

第一节 职业自我

一个人的职业自我是由外在自我、心理自我和社会自我三个方面构成的，如图 2-1 所示。

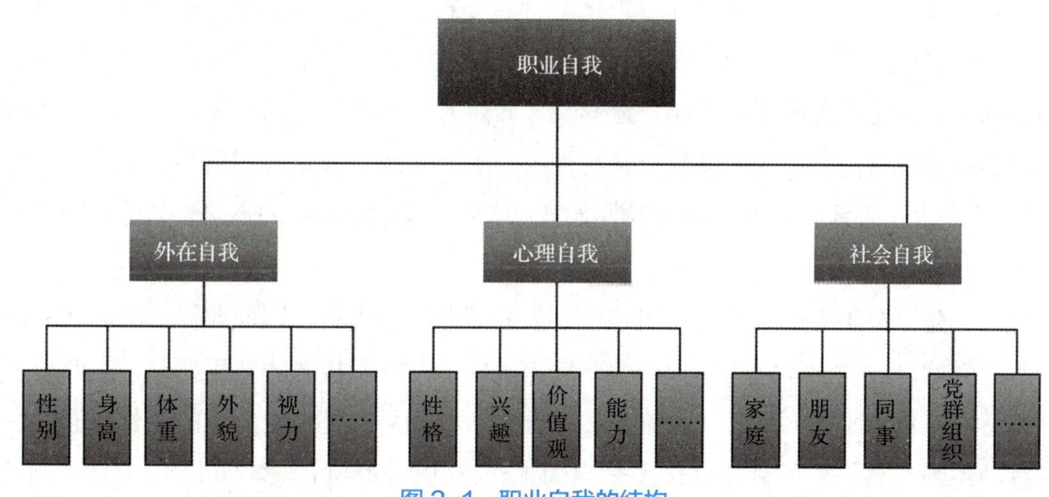

图 2-1 职业自我的结构

（1）外在自我是人们可以直接观测到的自我因素，包括身体特质和身体外特质两类。身体特质表现为性别、身高、体重、外貌、视力等，基本可以通过物理测量或者观测得出；身体外特质通常包括名字、家乡、学校、专业等。外在自我属于个人基本信息，是求职时需要关注的方面，因为不同职业会对专业甚至性别有不同的要求等。

（2）心理自我属于自身内在因素，无法直接观测得出，具体包括四个部分：我适合干什么——个人特质；我喜欢干什么——职业兴趣；我能干什么——职业技能；我最看重什么——职业价值观。认识心理自我不是一件容易的事情，但我们可以借助自我反省、他人反馈以及科学的人才测评等方法进行全方位的探索。

（3）德国著名诗人歌德说："人不能孤独地生活，他需要社会。"我们都生活在社会中，属于社会人。社会自我涉及家庭关系、朋友关系、职业群体、党群组织关系等，它隐藏在身后，对职业选择或发展起着支持或制约作用。对大学生来说，亲子关系、同学关系、师生关系、团组织关系、党组织关系等构成了社会自我。

总之，外在自我和社会自我较为客观，也比较容易探索，而心理自我却不然。在下面的内容中，我们将从四个方面进行心理自我的探索。

第二节 性格

一、性格的含义

性格是人对现实的稳定态度和习惯化的行为方式，是一个人个性的核心部分，贯穿一个人的全部心理活动，是一个人区别于他人的独特性所在。性格的形成是一个长期的、复杂的过程，不仅受遗传因素的影响，还受父母养育方式、生长地的文化习俗、学习经验等因素的影响。性格一旦形成，就具有独特性、一致性及相对稳定性。俗话说，“江山易改，本性难移”，人一般都被某种性格类型所支配，从而形成相对稳定的不同于其他人的特殊的行为方式。

性格不是一成不变的，它具有可塑性。人的职业性格也可以因职业需求的不同而做适当调整。例如，一些优秀的销售人员性格较为内向，在刚刚接触销售工作时，需要更多的时间来适应，也会比外向型的人付出更多的努力，但如果这是自己喜欢的工作，通过在工作过程中不断完善自己的性格，运用适当的工作方法，同样可以弥补性格上的某些不足，做出出色的工作绩效。

二、性格与职业发展的关系

近年来，用人单位在录用员工时逐渐意识到性格比能力更重要。他们认为，一个人能力不足，可以通过教育、培训等来提高，若一个人性格不符合用人要求，改变起来就极为困难。因此，很多用人单位在招聘员工时，把性格纳入测试中，只有求职者性格与职业相吻合，才进一步考察其能力等方面。

不同性格的人，在对不同环境的认知过程中会表现出不同的风格。若从事与自己的性格不匹配的工作，个人的才能会受到一定的阻碍。只有职业与性格相适应，才可以通过工作满足自己的独特欲望，体验到更多的快乐和愉悦。因此，在选择职业时，我们应该充分考虑自己的个性特征是否与职业相适应。性格本身无所谓好与坏，关键是看是否放对了地方，每一类性格都有其相适应的职业范围。例如，敏感型的人精神饱满，好动不好静，行为常有盲目性，比较适合从事运动员、行政管理等职业；情感丰富的人，其内心感情丰富，喜怒哀乐溢于言表，不喜欢单调的生活，喜欢感情用事，适合从事演员、导游、护理等职业。

三、了解迈尔斯－布里格斯人格类型测验

在日常生活中，人们可以通过观察一个人的言谈、行为（举止）以及外貌来判断一个人的性格，虽然这种判断方式不是最科学的，但是比较有效，因为性格是一种心理特征，总要通过一些外部表征表现出来；可以通过内省（自我观察）来判断自己的性格特征；可以让他人持续、系统地（如一个月以上）记录你的典型行为，之后自己对记录进行分析，进而判断自己的性格特征；还可以通过一些性格类型测验（如迈尔斯－布里格斯人格类型测验）较为清晰地认识自己的性格。

迈尔斯－布里格斯人格类型测验（Myers–Briggs Type Indicator，MBTI）是美国心理学家凯瑟琳·库克·布里格斯（Katharine Cook Briggs）和心理学家伊莎贝尔·布里格斯·迈尔斯（Isabel Briggs Myers）（母女关系）根据瑞士著名心理学家荣格（Carl G. Jung）的心理类型理论建立的。经过长达几十年的研究和发展，MBTI 已经被翻译成近 20 种世界主要语言，应用于职业发展、职业咨询、团队建议和婚姻教育等方面，成为世界上应用非常广泛的性格测试工具。MBTI 根据 4 个维度 8 个端点，即外倾（E）—内倾（I）、感觉（S）—直觉（N）、思维（T）—情感（F）、判断（J）—知觉（P），将人的性格分为 16 种类型（见表 2–1），每种性格类型都有自己的特征及较为适合的职业。

表 2–1　16 种 MBTI 性格类型

ISTJ 型 内倾＋感觉＋思维＋判断	ISFP 型 内倾＋感觉＋情感＋知觉	INFJ 型 内倾＋直觉＋情感＋判断	INFP 型 内倾＋直觉＋情感＋知觉
ESTJ 型 外倾＋感觉＋思维＋判断	ESFP 型 外倾＋感觉＋情感＋知觉	ENFJ 型 外倾＋直觉＋情感＋判断	ENFP 型 外倾＋直觉＋情感＋知觉
ISFJ 型 内倾＋感觉＋情感＋判断	ISTP 型 内倾＋感觉＋思维＋知觉	INTJ 型 内倾＋直觉＋思维＋判断	INTP 型 内倾＋直觉＋思维＋知觉
ESFJ 型 外倾＋感觉＋情感＋判断	ESTP 型 外倾＋感觉＋思维＋知觉	ENTJ 型 外倾＋直觉＋思维＋判断	ENTP 型 外倾＋直觉＋思维＋知觉

下面我们从四个维度进行个人性格测量。

（一）第一个维度

根据个人能量更集中地指向哪里，性格可分为内倾型与外倾型两种类型。外倾型的人

倾向于将注意力和精力投向外部世界，热衷于个体或群体间的交往，常常被外界的人和物所吸引，喜欢参与各类活动；内倾型的人则将注意力和精力集中于自身的内部世界，喜欢独处或小群体间的交往，通常会避免成为关注的焦点。内倾型性格与外倾型性格的特征比较如表 2–2 所示。

表 2–2　内倾型性格与外倾型性格的特征比较

内倾型性格	外倾型性格
独自度过时光时精力充沛	与他人相处时精力充沛
避免成为注意的焦点	乐于成为注意的焦点
先思考，后行动	先行动，后思考
在心中思考问题	喜欢边想边说出来
更愿意在经过挑选的小团体中分享个人情况	随意地分享个人情况
听的比说的多	说的比听的多
不把兴奋说出来	高度热情地与人交往
仔细考虑后才有所反应	反应快，喜欢快节奏
喜欢深度而不是广度	注重广度而不是深度

生活中这两种类型的人都很多，有些学生同时具备两种特征。在日常生活中，我们需要做的是弄清楚自己在哪种情况下自我状态最好，以后可以尽量寻找令自己状态自然的工作环境；同时，也要清楚地知道自己的不足之处。例如，外倾型性格的人在权威人士面前发表意见时，应尽量先思考再表达，这样可以增加意见被接纳的成功性。

（二）第二个维度

根据个人收集信息方式的不同，性格分为感觉型与直觉型两种类型。这两种类型的人在面对同样的情形时，关注的中心和信息通道往往有很大的不同，感觉型的人关注的是事实本身且注重细节，信赖有形有据的事实与信息，擅长记忆大量事实与材料；直觉型的人注重的是基于事实的含义、关系和结论，注重“第六感”，擅长解释事实、捕捉零星的信息、分析事情的发展趋势。感觉型性格和直觉型性格的特征比较如表 2–3 所示。

表 2–3　感觉型性格与直觉型性格的特征比较

感觉型性格	直觉型性格
相信有形的东西	相信灵感和推断
不喜欢新想法	喜欢新思想和概念

续表

感觉型性格	直觉型性格
重视现实性	重视想象力和独创性
喜欢使用和琢磨已知的技能	喜欢学习新技能，但掌握之后很容易厌倦
留心具体的和特殊的，进行细节描述	留心普遍和有象征意义的，使用隐喻和类比
循序渐进地讲述有关情况	跳跃性地展现现实
着眼于现实	不愿维持事物的现状，着眼于未来

两种性格类型的人各有所长，也都存在不足。感觉型的人既不要因为自己的敏感而感到难为情，也不要因为直觉型的人不关注细节而气恼；直觉型的人既不要因为自己的跳跃性思维而烦恼，也不要指责感觉型的人过于关注细节。两类人都应该在享受自我性格带来优势的同时，有意识地弥补自己的不足。例如，直觉型的人可以多关注现实情况，感觉型的人可以多进行想象。

（三）第三个维度

根据个人做决定的方式的不同，性格可分为思维型与情感型两种类型。思维型的人喜欢符合逻辑的决定，往往通过分析和权衡各种信息做出决定，不太习惯根据人情因素变通；情感型的人在决策时依赖于自我的价值观念，比较关注决策可能带给人的情绪体验，有较浓的人情味儿。思维型性格与情感型性格的特征比较如表 2-4 所示。

表 2-4　思维型性格与情感型性格的特征比较

思维型性格	情感型性格
后退一步，客观分析问题	向前看，关心行动给他人带来的影响
重视逻辑、公正和公平，有统一的标准	注重情感与和睦，能看到规则的例外性
自然地发现缺点，有吹毛求疵的倾向	自然地理解别人，想让别人快乐
被视为无情、麻木、漠不关心	被视为过于感情化、脆弱、无逻辑
认为诚实比机敏更重要	认为诚实与机敏同样重要
认为合乎逻辑的情感才是可取的	认为所有感情都是正确的，不论是否有意义
受成功的欲望驱使	受他人的欣赏驱使

同样地，这两种性格也并无好坏之分。思维型的人经常表现出“公私分明”，但有时太过于强调原则，会让人觉得其不近人情；情感型的人善于共情，非常体察别人的难处，但有时会一味地同情弱者，甚至失去原则。

（四）第四个维度

根据个人感到最舒适的生活方式，性格可分为判断型与知觉型两种类型。判断型的人喜欢有计划、有条理、有秩序的生活，做事往往一板一眼，目的性较强。知觉型的人往往表现出很强的好奇心和适应性，不断地关注新信息，喜欢灵活、随意、开放的生活方式。在做决策时，判断型的人比较果断，一旦认为有了足够的信息，就会对新信息置之不理；知觉型的人总希望获得更多信息后再做决断，迟迟下不了决心。判断型性格与知觉型性格的特征比较如表 2-5 所示。

表 2-5　判断型性格与知觉型性格的特征比较

判断型性格	知觉型性格
做完决定后感到快乐	因保留选择的余地而感到快乐
坚持“工作原则”：工作第一，玩乐第二	坚持“玩乐原则”：先享受，再完成工作
确定目标并按时完成任务	出现新情况时便会改变目标
想知道自己的处境	喜欢适应新环境
注重结果	注重过程
满足感来源于完成任务	满足感来源于计划的开始
把时间看作有限的资源，认真地对待时间	把时间看作无限的资源，认为时间期限是灵活的
重视条理性、计划性	重视机动性、灵活变通

在学习和生活中，这两种类型的人都要学会互相欣赏和互相包容。判断型的人要理解知觉型的人“享受生活，活在当下”的理念，容忍他们时间观念不强的缺点；知觉型的人要欣赏判断型的人做事果断，容忍他们面对计划被打乱时的不安。

需要指出的是，在同一维度上，在日常生活和工作中，人们可能会受其他因素影响而改变一贯的行为方式。经过以上四个维度的分析，你得到四个比较偏向的特性，这四个特性就代表了你的性格特征和职业偏好。你的性格组合“四字母”是怎样的呢？你可以对应表 2-6 查看自己的性格类型与理想职业的匹配度。

表 2-6　MBTI 性格类型对照表

性格类型	性格特征	较适合的职业
ISTJ 型：内倾 + 感觉 + 思维 + 判断	优势：谨慎、勤勉、内向而可靠，有强烈的责任感；务实、行事上非常讲究秩序和条理；重视目标，意志坚定。 劣势：对不遵守程序或是不重视细节的人缺乏耐心，不能忍受没有效率的工作，追求目标时总想凌驾于他人之上，不太能虚心听取意见	会计、中高层管理者、军官、药剂师、行政管理人员等

续表

性格类型	性格特征	较适合的职业
ISFP 型：内倾 + 感觉 + 情感 + 知觉	优势：安静、友好、和善，有责任心，对组织忠诚，能愉快地接受领导的命令，不喜欢争论和冲突，不会将自己的观念和价值观强加到别人身上。 劣势：容易把批评和否定回答看得太重，不喜欢提前准备，对过多的规则不适应	客户服务人员、服装设计师、厨师、护士、旅游管理师、牙科医生等
INFJ：内倾 + 直觉 + 情感 + 判断	优势：对人有很强的洞察力，有责任心，能坚持自己的价值观，在目标实现的过程中有计划且果断坚定。 劣势：思维单一，不够灵活，过于追求尽善尽美，过于独立	培训师、建筑设计师、心理咨询师、作家、职业咨询师、特殊教育教师等
INFP：内倾 + 直觉 + 情感 + 知觉	优势：善于理解他人并乐于帮助他人开发潜能，适应力强，善于接受符合自己价值观的观点；好奇心重，能很快看出事情的可能性并加速实现。 劣势：比较喜爱发号施令，工作至上，容易忽略生活中的其他方面；不善于表现出鼓励和赞扬	心理学家、人力资源管理师、翻译、大学教师（人文科学）、社会工作者、服装设计师、网站设计师、编辑等
ESTJ：外倾 + 感觉 + 思维 + 判断	优势：为人实际，果断，一旦下定决心，就会立即行动；注重日常的细节，有非常清晰的逻辑标准，在实施计划时强而有力。 劣势：对不遵守程序或是不重视细节的人缺乏耐心，不能忍受没有效率的工作，不太能虚心接受别人的意见	军官、预算分析师、药剂师、教师（贸易 / 工商类）、物业管理师等
ESFP：外倾 + 感觉 + 情感 + 知觉	优势：热爱生活，热情洋溢且富有想象力，能在工作中营造生动、愉悦的氛围，善于交谈，能调动用户和员工的情绪。 劣势：不善于提前计划和察觉行动征兆，容易冲动发脾气及焦躁不安	公关专员、职业生涯规划咨询师、导游、演员、销售人员等
ENFJ：外倾 + 直觉 + 情感 + 判断	优势：热情、友善，喜爱社交；为他人着想，非常注重他人的感情、需求和动机；善于发现他人的潜能，并乐于帮助他们开发出来；有鼓舞他人的领导能力。 劣势：过快地做决定，不太善于处理冲突，倾向于把人理想化	广告客户管理员、杂志编辑、电视制片人、记者、市场专员等
ENFP：外倾 + 直觉 + 情感 + 知觉	优势：热情洋溢而富有想象力，灵活而自然，有很强的即兴发挥能力，言语流畅；善于思考且富于创新，能够在感兴趣的领域成功，能以有感染力的热忱激励他人。 劣势：条理性不足，不善于分清主次，不喜欢重复或者例行的事务，处理细节上会有一些困难，独自工作时效率较低	管理咨询顾问、演员、艺术指导、团队培训师、心理咨询师等

续表

性格类型	性格特征	较适合的职业
ISFJ：内倾 + 感觉 + 情感 + 判断	优势：安静而友好，认真负责，细致，注重细节，喜欢为别人服务，支持他人的工作；在有顺序要求、重复性的常规任务中表现出色。 劣势：常常低估自身的价值，对自己的需求判断不清晰，对突然的变化不适应；认为自己不被需要或不被欣赏时，会感到灰心	内科医生、营养师、图书管理员、档案管理员、室内装潢设计师、特殊教育教师、酒店管理师等
ISTP：内倾 + 感觉 + 思维 + 知觉	优势：善于完成具体的任务，安静且忍耐力强；注重效率，一旦发现问题，就立即行动解决问题；能让杂乱的资料和难以分辨的材料变得井井有条。 劣势：缺乏语言交流的兴趣；对抽象和复杂的理论缺乏耐心；容易产生疲劳和厌倦感；容易忽视他人的情感需求	计算机程序员、软件开发者、警察、消防员、私人侦探、药剂师
INTJ：内倾 + 直觉 + 思维 + 判断	优势：富于想象，善于创新；能够理解复杂且困难的事物；一旦决定做一件事情，就会开始规划，直至完成为止；对自己和他人的能力和表现要求都非常高。 劣势：难以与能力不如自己的人共同工作；对他人的想法不够包容，比较固执；过于独立，较难适应合作的环境	设计工程师、精神分析师、媒体策划人员、网格管理员、建筑师、首席财务管理师等
INTP：内倾 + 直觉 + 思维 + 知觉	优势：擅长长远考虑，具有创造性思想；喜欢理论和抽象的事物，安静，能一个人全神贯注的工作。 劣势：对琐碎的日常工作缺乏耐心，有些挑剔，对他人的情感、批评和要求反应迟钝	软件设计师、风险投资家、金融分析师等
ESFJ：外倾 + 感觉 + 情感 + 判断	优势：有责任心且能与他人建立友好而和谐的关系；愿意为团队贡献力量，认真而忠诚，能成为个人或群体成长与进步的催化剂。 劣势：对批评过于敏感，没有得到表扬和欣赏时可能会感到失望；在紧张的工作环境中容易感到压力；不太能找到新的方法解决问题	零售商、餐饮管理师、护士、按摩师、旅游管理师、运动教练等
ESTP：外倾 + 感觉 + 思维 + 知觉	优势：善于解决新的、具有挑战性的问题；观察力强，对于不同类型的人有很好的适应性，乐于推销和洽谈；有激励他人的能力。 劣势：对于他人的情绪不敏感；对于规则和章程很容易感到约束	企业家、股票经纪人、土木工程师、旅游管理师、游戏开发员、房地产开发商等

续表

性格类型	性格特征	较适合的职业
ENTJ：外倾＋直觉＋思维＋判断	优势：有远见，有天生的领导能力；雄心勃勃，工作勤奋，诚实而直率；善于设定长期的计划和目标，能够时刻牢记长期和短期目标；善于处理有创造性的问题。 劣势：喜爱发号施令；工作至上而忽视生活中的其他方面；不善于鼓励和表扬	管理咨询顾问、政治家、投资顾问、法官等
ENTP：外倾＋直觉＋思维＋知觉	优势：自信，只要想做就能做到；在解决新的、具有挑战性的问题时机智而有策略；善于理解他人。 劣势：不愿做具体的工作；不喜欢单调重复的工作；容易因为过分自信而影响能力的发挥	投资银行家、广告创意总监、广告创意总监、电视主持人、大学校长等

MBTI 性格类型理论是性格理论中较为有效、也较容易掌握的工具。人们可以利用这个工具对一个人深层次的“本我”、真实的我、自我的核心进行探索，解释一个人最本能、最自然的思维、感觉和行为模式，使人们明白为什么不同的人会对不同的事物感兴趣，为什么不同的人擅长不同的工作，从而提升个体与不同性格类型的人互相理解的能力，进一步在工作和生活中有效配合。当然，这个测评的作用不是给人们贴标签，而是为人们点亮一盏灯，让人们看清楚自己的样子，同时看清楚前行的道路。

第三节 职业兴趣

一、职业兴趣的含义

微课
兴趣与职业生涯

《中国大百科全书》（第二版）对兴趣的定义是，人力求认识某种事物和从事某项活动的意识倾向。兴趣表现为对某件事物、某项活动的选择性态度和积极的情绪反应。当人们的兴趣对象指向职业时，就形成了人的职业兴趣。职业兴趣是个体力求了解某种职业或从事某种职业的心理倾向，是个体的兴趣类型与职业类型对个体的能力素质要求相一致的状态。

职业兴趣对人的职业活动有着重要的影响。一份符合自己兴趣的工作常常能够给自己带来愉悦感、满足感。在选择职业时，人们总会将自己是否对此有兴趣作为考虑因素之一，从感到有兴趣开始，到逐渐形成更加稳定、持久的乐趣，进而与自己的奋斗目标相结合，形成有着明确方向性和意志性的志趣，这是人的兴趣发展过程。从事自己感兴趣的职业活动，可以使自己比较容易适应变化的职业环境，在追求职业生涯目标时表现出坚定的意志力。

兴趣指引我前进

——湖南食品药品职业学院 1995 届毕业生戴蓉

大学毕业后，我在益丰担任培训部长。在此期间，我带领团队参加全国药店精英挑战赛，一路过关斩将，拼到了全国总决赛。在参赛过程中，有一个赛项让我印象深刻。该赛项要求店员在 1 分钟内记忆 30 个毫无关联的专业术语。我曾经对超级记忆法感兴趣，还自费参加过一个超级记忆法训练营。我按照训练营教授的方法对我的队员进行了训练，让一个完全没有药店工作经验的员工成功地完成了这个项目的比赛，成为我们团队比赛项目中最有优势的一个得分项，也让行业的其他店员刮目相看。通过这件事，我认为，在人的一生之中，你尽可以去学习自己感兴趣的东西，不要觉得它们有用或者没有用，也许在某一天，这些看似无关紧要的技能，就会成为你出奇制胜的法宝。

总之，对个人来说，兴趣是人们选择职业的重要依据，它可以通过工作动机促进个人能力的发挥，从而大大提高工作效率。兴趣也是保证职业成功的重要因素。

二、霍兰德的职业兴趣类型理论

在了解霍兰德提出的六种职业兴趣类型之前，我们先参观一下六个神奇的职业兴趣岛：

“美丽浪漫岛”——A 岛。A 岛上到处是美术馆、音乐厅，弥漫着浓厚的艺术文化气息。岛民们保留着传统的舞蹈、音乐与绘画文化。许多文艺界人士都喜欢来到这里开沙龙派对寻求灵感。

“现代井然岛”——C 岛。C 岛上处处耸立的现代建筑，标志着这是一个进步的、都市形态的岛屿，岛上的户政管理、地政管理及金融管理都十分完善。岛民们个性冷静保守，处事有条不紊，善于组织规划。

“显赫富庶岛”——E 岛。E 岛上经济高度发展，有高级饭店、俱乐部、高尔夫球场。岛民们性格热情豪爽，善于企业经营和贸易活动。岛上往来者多是企业家、经理人、政治家、律师等。这些商界名流与上等阶层人士在岛上享受着高品质生活。

“深思冥想岛”——I 岛。I 岛上平畴绿野，人少僻静，适合夜观星象。岛上有很多天文馆、科技博物馆、科学图书馆。岛民们最喜欢待在自己的小房子里，天天钻研学问，沉思冥想，探究真知。哲学家、科学家和心理学家在这里集会，讨论学术，交流思想。

“自然原始岛”——R 岛。R 岛上自然生态优良，不仅保留有热带雨林等原始生态系统，而且建造了相当规模的植物园、动物园、水族馆。岛民们以手工制造见长，他们种植花果，栽培蔬菜，修缮房屋，打造器物，制作工具。

“温暖友善岛”——S 岛。S 岛上的岛民们性情温和，乐于助人，人际关系十分友善。他们互助合作，重视教育后代，每个社区都能自成一个密切互动的服务网络，处处充满着人文关怀气息。

（1）你总共有 15 秒钟时间回答以下问题：

①如果你必须在六个岛之中的一个岛上生活一辈子，成为这里岛民的一员，你第一会选择哪一个岛？

②你第二会选择哪一个岛？

③你第三会选择哪一个岛？

（2）第一次选择了同一岛屿的同学坐到相应区域并进行交流：你为什么选择这个岛屿，看看大家有什么共同的兴趣爱好，归纳关键词。

（3）各岛屿居民为自己的岛屿命名，并画一幅宣传画，每组推荐一名岛主展示小组宣传图，并分享小组成员的共同特点。

以上六个岛屿实际代表着霍兰德提出的六种职业兴趣类型。美国著名职业指导学家霍兰德对这六种职业兴趣类型进行了阐述，如表 2-7 所示。

表 2-7　霍兰德职业兴趣与职业类型对照表

类　型	特　点	活动或工作	职　业
现实型（R）	身体技能及机械协调能力较强，常常沉浸于工具与技术的世界中，不善言谈且对人际关系及人员管理、监督等活动不太感兴趣	喜欢从事规则明确的活动及技术性工作，热衷亲自动手操作，具有比较强的实践性	需要熟练技能的职业、动植物管理方面的职业、机械管理方面的职业、生产技术方面的职业、手工艺技能方面的职业等
研究型（I）	好奇而聪明、内省而具有批判性；通常倾向于通过思考、分析解决难题，而不一定落实到具体操作	喜欢理论思维或数理统计工作，能投入极大的热情解决抽象问题；喜欢具有创造性、挑战性的工作，不太喜欢固定程序的任务；对人员管理及人际交往不太感兴趣，独立倾向明显	分析员、设计师、生物学家、数学家、实验室工作者等

续表

类　型	特　点	活动或工作	职　业
艺术型（A）	具有丰富的想象力和创造力，直觉力较好，敏感而开放	喜欢自我表现，对具有创造性、挑战性及具有自我表现空间的工作显示出明显偏好；特立独行；对结构化程度较高的任务及环境都不太喜欢，对机械及程序化的工作不感兴趣	倾向于选择的职业领域有各类艺术创作的工作，包括美术、音乐、舞蹈、戏剧等方面的职业
社会型（S）	言语能力优于数理能力，善于表达，随和，乐于与人相处，具有人道主义倾向，责任心较强	喜欢以人为对象的工作，喜欢帮助他人；喜欢以与人商讨或调整人际关系的方式解决面临的问题；不太喜欢以机械和物品为对象的工作	适合从事咨询、培训、辅导、劝说工作。他们倾向于选择的职业有学校教育以及社会教育方面、社会福利事业、医疗与保健方面、商品营销方面及各种直接为人服务的职业
管理型（E）	自信且精力充沛，支配欲与冒险性强，具有较高的成就需求	喜欢制订新的工作计划、事业规划以及设立新的组织，并为有效发挥组织作用而积极地进行活动；喜欢影响、管理、领导他人；不喜欢具体、精细或需要长时间集中心智的工作	推销员、企业经理、政治家、工商与行政管理人员等
常规型（C）	工作仔细、有毅力、有条理、责任心强；在工作中与他人交往会保持一定距离，偏保守；对社会地位、社会评价比较在意	喜欢高度有序、要求明晰的工作，对于规则模糊、自由度大的工作不太适应；不喜欢承担领导者的责任，习惯于服从，一般较为忠诚、可靠	通常愿意在大型机构做一般性工作，如银行职员、图书管理员、会计、出纳、统计人员、计算机操作人员、办公室职员等

个人的职业兴趣往往是多方面的，很少只集中在某一种类型上，人们或多或少地具备这六种兴趣，只是偏好程度不同。人们通常用最强的三种兴趣的字母表示一个人的兴趣，这个代码也被称为“霍兰德代码”。三个字母的顺序表示了兴趣的强弱程度不同，如RIA

和 IRA 类型的人具有相似的兴趣，但他们对同一类型事物的兴趣强弱程度是不一样的。霍兰德人格六角形模型（见图 2-2）以六边形标示出了六个类型的关系。

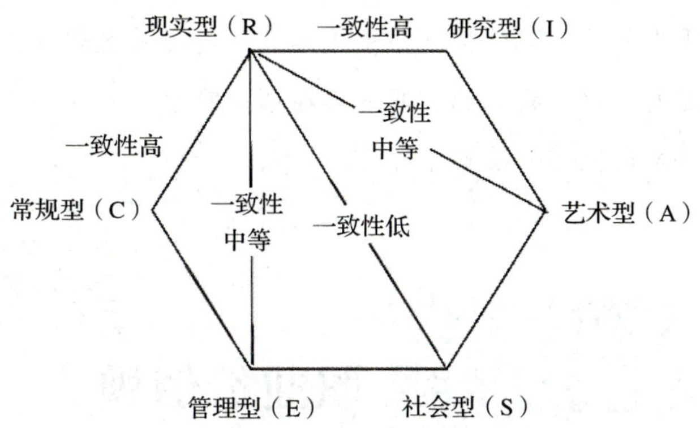

图 2-2 霍兰德人格六角形模型

从图 2-2 中可以看出，每种职业人格与其邻近的两种类型一致性高，与其处于次对角线上的两种类型一致性中等，与其处于对角线上的职业人格类型一致性低。霍兰德提出了选择职业时应遵循的几个原则。

（1）适宜原则。某种职业人格类型的人适宜从事同种类型的职业，如 R 型人格从事 R 型职业。

（2）相近原则。人们选择从事与其人格类型一致性高的职业，比较容易适应，如 R 型人格从事与其相邻的 I 型或 C 型职业。

（3）中性原则。人们选择从事与其人格类型一致性中等的职业，经过艰苦努力，也可以适应，如 R 型人格从事 E 型或 A 型职业。

（4）相斥原则。人们选择与其人格类型一致性低的职业时，会很难适应，出现人职不协调现象，如 R 型人格从事 S 型职业。

霍兰德强调，只有同一类型的人与同一类型的职业相互结合，才能达到适应状态，人的一生的职业选择能否与其类型相匹配，是影响其成功的重要因素。

霍兰德职业兴趣理论

约翰·霍兰德是美国约翰·霍普金斯大学心理学教授，著名的职业指导专家。霍兰德的职业兴趣理论主要从兴趣的角度探索职业指导的问题。在霍兰德职业兴趣理论提出之前，关于职业的兴趣测试和个体分析是孤立的，霍兰德将两者有机结合了起来。经过多年发展，职业兴趣测试已经在教育、培训、企业管理等领域有了广泛应用。例如，用人单位招聘时，也许会通过职业兴趣测试判定求职者处于哪种类型，由此决定其职位；在日常管理中，对于人职不匹配的情况，用人单位可能会通过职业兴趣测试，安排与员工的职业兴趣相匹配的岗位。霍兰德的职业兴趣理论对于个人升学、就业具有重要的指导作用，已经被众多咨询机构采用。

第四节 职业价值观

一、价值观的概念

价值观就是我们在生活和工作中所看重的原则、标准和品质，是指一个人对周围的客观事物（包括人、事、物）的意义的总的评价和总的看法。

价值观是一种内心尺度，它凌驾于整个人性之上，支配着人的行为、态度、观察、信念、理解等，支配着人认识世界、明白事物对自己的意义和自我了解、自我定向、自我设计等，也为人自认为正当的行为提供充足的理由。

二、需求对价值观的影响

马斯洛提出，人有五个层次的需要，即生理需要、安全需要、情感需要、尊重需要和自我实现需要。每个人都潜藏着这五种不同层次的需要，但是在不同的时期表现出来的各种需要的迫切程度是不同的，当低层次的需要得到基本满足后，它的激励作用就会降低，其优势地位将不再保持下去，个人开始关注并致力于满足上一层次的需要。这些需要是强大的内在驱动力，我们所做的事情正是为了满足这些需要。它们在我们的生活中反映出来，体现为我们的价值观。例如，有些学生比较重视工作能带给自己的收入，而有些学生可能更多地考虑要做自己喜欢的工作。这两者的不同在很大程度上可以归结为他们所处的需要层次不同，前者在“生理”“安全”的层次上，而后者是在较低层次的需要已经得到满足的情况下，追求对“情感”“尊重”“自我实现”的需要，如图 2-3 所示。

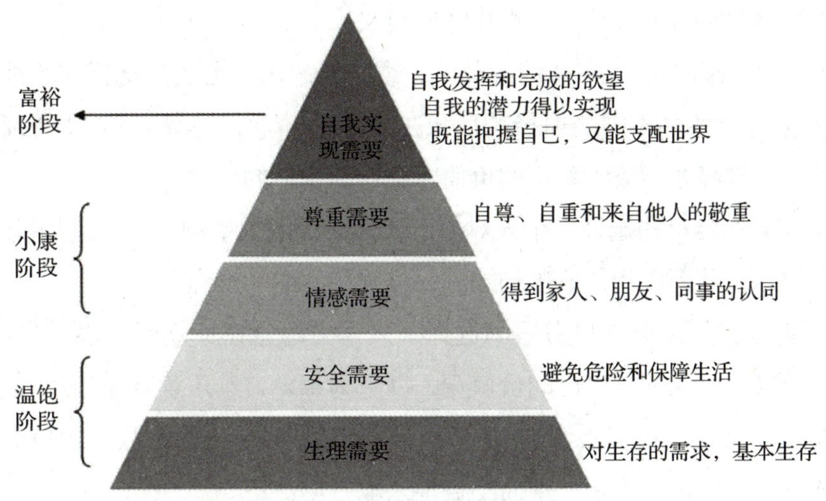

图 2-3　马斯洛需要层次理论

三、价值观澄清理论

价值观澄清理论以路易斯·拉思斯（Louis E. Raths）《价值与教学》的发表为产生标志，是一种指导、促进价值观形成的方法，该理论认为只有通过尝试和检验获得的知识才可以改变道德行为，主张个人价值观源于瞬息万变的生活并随着经验的积累而发生改变。价值观澄清的基本任务是“澄清”，实质是用理性思考和情绪体验来审查自己的行动，分辨并实现自己的价值，揭露并解决自己的价值冲突，和别人进行价值观交流，并根据自己的价值观选择行事。

在运作过程中，价值观澄清理论强调四个关键因素：一是要以生活为中心，主要解决生活中的问题；二是要接受现实，即原原本本地接受他人，不必对他人的言行进行评价；三是要求进一步思考、反省，并做出多种选择；四是培养个人深思熟虑地进行自我指导的能力。

除了要考虑这四个因素外，价值观形成必须经历选择（包括自由地选择、从多种选项中进行选择、深思熟虑后做选择三个步骤）、赞赏（包括赞赏与爱惜、公开地证实两个步骤）、行动（包括根据选择行动、反复地行动两个步骤）三个阶段七个步骤来进行操作。

（1）自由地选择。个人的价值观，必须经过自由选择的历程，才能生根。只有个人经自己意愿所做的决定或选择，才能引导个人行为，填鸭式的强迫灌输，大多仅止于表面行为而已。

（2）从多种选项中进行选择。真正的价值观念，是经过选择的结果，如果个人无选择的途径，事实上选择的行为就不可能发生，而真正的价值观也就无法发展。因此，个人价值观的树立，要从多种可能的选项中选择才有意义。

（3）深思熟虑后做选择。在感情冲动下，或未经思考，若贸然选择，不能主导真正的价值观。个人唯有对各种不同的途径的后果加以深思熟虑，进行分析，比较利弊得失后，做出理智的选择，选择才能成为真正的价值观，作为生活的指南。

（4）赞赏与爱惜自己的选择。个人对自己认为有价值的事物，一般会加以珍惜、重视，并感到骄傲和快乐。从而成为价值观的部分，作为生活中的准绳。

（5）公开地证实。经审慎思考后的选择，人常会愿意在大众面前表示自己的价值观，承认自己的价值观，以及拥护自己的价值观，以它为荣，自然乐意对外公开。

（6）根据选择行动。价值观念能左右行动的方向，当个人认为具有价值的东西，一定会努力去实践、完成，百折不挠，锲而不舍地采取行动。

（7）反复地行动。个人的一些信念、看法和态度达到价值观阶段时，就会成为价值体系的一部分，不断地表现在行为上，出现在不同的生活情景和空间中。

每个人都有自己独特的价值观，而且不论喜欢与否，生活中与自己关系密切人（如父母、朋友、师长等）的价值观常常会对自己产生重要影响。但重要的不是去评判这些价值观的对错，而是去考量它们给自己的生活和职业发展带来的影响，以适时做出调整。同时，我们还需要认识到很少有工作能够完全满足一个人所有的重要价值观。因此，我们要不断地做出妥协和取舍，这是不可避免的，也是必要的。澄清自己的价值观倾向，并有意识地在丰富职业信息的基础上，进行深入的自省和职业探索，不断促进自己的价值观倾向趋于成熟和稳定，对于大学生毕业后顺利就业的意义重大。

四、职业价值观的类型

职业价值观是指人生目标和人生态度在职业选择方面的具体表现，也就是一个人对职业的认识和态度，以及他对职业目标的追求和向往。由于个人的身心条件、教育状况、家庭影响、年龄阅历、兴趣爱好等方面的不同，人们对各种职业有着不同的主观评价。职业价值观决定着人们的职业期望，影响着人们对职业方向和职业目标的选择、就业后的工作态度和劳动绩效水平，以及人们的职业发展情况。

根据不同的划分标准，人们对职业价值观的种类划分也不同。我国学者阚雅玲将职业价值观分为以下 12 类：

（1）收入与财富。工作能够明显有效地改变自己的财务状况，个人将薪酬作为选择工作的重要依据。个人工作的目的或动力主要来源于对收入和财富的追求，并以此改善生活质量，显示自己的身份和地位。

（2）兴趣特长。个人以自己的兴趣和特长作为选择职业的最重要影响因素时，能够扬长避短、趋利避害、择我所爱、爱我所选，从工作中得到乐趣、得到成就感。在很多时候，个人会拒绝做自己不喜欢、不擅长的工作。

（3）权力地位。个人有较高的权力欲望，希望能够影响或控制他人，使他人按照自己的意愿去行动，认为有较高的权力、地位会受到他人尊重，从中可以得到较强的成就感和满足感。

（4）自由独立。工作时间弹性高，个人可以充分掌握自己的时间和行动，不与太多人发生工作关系，既不想制人，也不想受制于人。

（5）自我成长。工作能够给予自己受培训和锻炼的机会，使自己的经验与阅历能够在既定的时间内得以丰富和提高。

（6）自我实现。工作能够提供平台和机会，使自己的专业和能力得以全面运用和施展，实现自我价值。

（7）人际关系。个人将工作单位的人际关系看得非常重要，渴望能够在一个和谐、友好甚至被关爱的环境工作。

（8）身心健康。工作不会让自己处于危险、过度劳累、焦虑、紧张和恐惧的状态，自己的身心健康不受影响。

（9）环境舒适。工作环境舒适宜人。

（10）工作稳定。工作相对稳定，自己不必担心被裁员或被辞退，不必经常找工作。

（11）社会需要。个人能够根据组织和社会的需要响应某一号召，为集体和社会做出贡献。

（12）追求新意。个人希望工作的内容经常变换，使工作和生活变得丰富多彩，不单调枯燥。

青春献给军营，使命负重前行

——湖南食品药品职业学院药学院 2019 届毕业生胡灶东

胡灶东，男，2019 年 6 月毕业于湖南食品药品职业学院药学院，于 2018 年 9 月入伍服役于中国人民解放军军事科学院国防科技创新研究院，2021 年参加士兵考学，考入中国人民解放军陆军勤务学院，2022 年授嘉奖一次。

2018 年 9 月，他在学校看到“你们负责好好学习，我们负责保家卫国”的标语时，心想热血青年，风华正茂，参军报国才能不负韶华不负青春。为了响应国家和时代的号召，他放弃了在上海工作的优越条件，怀着对未来美好生活的向往，毅然地参加了“全国征兵计划”，带着家人、老师和同学们的殷切嘱托，踏上奔赴北京的火车，加入中国人民解放军的行列中，从此心有所信、志有所向、行有所依。

2019年年底，新冠疫情暴发，他积极响应国家的号召，与战友一起写下请战书，并拨通了家里的电话：“爸妈，今年我又不能回家陪你们了，你们一定要注意保护好自己。”那一晚大雪纷飞，请战书上的一个个鲜红的手印映照着他们的初心，仿佛是对新冠疫情无声的抗争。

他每天坚守在防疫执勤岗位上，掌握着每一位来营人员的身份以及车辆流动信息。“同志您好，请您配合体温检测。”“同志您好，请您出示一下健康码……”每天千百遍的口语重复成了他的“标配”。除此之外，他还是营区内显而易见的“大白”，每天对营区环境进行消杀和规范防疫物资的使用与储存。

使命是平凡的，青春是火热的。一直以来，一种勇敢无畏的精神、一股火一样的热情、一颗炽热而滚烫的心引领着他沿着优秀革命军人的道路前行不止！

五、处理好职业价值观中的各种关系

微课

价值观与职业生涯

由于社会分工的发展，各种职业在劳动性质和内容、劳动条件和待遇、劳动难度和强度等诸多方面上都存在着差别，因此各类职业在人们心目中的声望地位也不同，这些评价形成了人的职业价值观，影响着人们对就业方向和具体职业岗位的选择。

（一）职业价值观与金钱的关系

价值观对一个人的行为动机有一定的导向作用，能够反映人们的认知和需求层次。例如，放羊娃认为放羊卖钱娶妻生子，孩子长大后接着放羊卖钱娶妻生子，这就是人生，他的需求仅此而已；有的人觉得人活一世就要有功名和地位，这才是有意义的人生。金钱是“成就”的报酬，是在确定职业价值观时首先要面对的。

价值观引导着一个人在人生路上做出选择，进而采取行动，达成想要的那个目标。大学生拥有的知识、能力、经验和阅历尚不能让自己在初入社会时换得大量金钱，应理性地降低对金钱的期望值，把眼光放长远，尽可能地将自我成长和自我实现作为在毕业求职时的首选价值观。

（二）职业价值观与个人兴趣和能力的关系

职业价值观在择业时是个较为复杂的因素，它既受社会文化环境、性别和年龄等方面的影响，又受个人兴趣和能力等内在因素的影响。在确定价值观时，个人一定要考虑它是否与自己的兴趣、能力相适应。无论大学生以何种专业作为理想专业，在职业价值体系中均应将充分体现自己的兴趣、发挥个人能力放在首位，再考虑一些外在因素，如工资、社会地位、稳定性等。据专家研究表明，如果一个人对所做的工作感兴趣，就能充分发挥自己全部才能，并且可以保持长时间工作，不知疲倦；如果一个人对所做的工作不感兴趣，就很难发挥自己全部的才能，还容易感到精疲力竭。

（三）职业价值观的排序与取舍的关系

职业价值观的特性决定人们不会只有一个职业价值观，人性的本能驱使着人们什么都想得到，而在现实生活中大多是“鱼与熊掌不可兼得”。在做职业选择时，人们往往不能理性对待，既然是选择，就会有取舍，只有舍，才能得。因此，大学生要对自己的职业价值观进行排序，并提醒自己不可能什么都得到。

（四）职业价值观中个人与社会的关系

个人不能离开社会而单独存在，个人通过工作中为社会做贡献从而实现自己的职业价值。因此，我们反对只为个人考虑、毫不考虑国家和社会需要的职业价值观。当然，如果忽略择业中的个人因素，只尽社会责任，也不利于个人发展，也会给社会造成损失。例如，让一个富于科学创造力、不善言辞的学者去从事营销工作，可能使国家损失一项重大的发明，而社会上不过是多了一个并不出色的销售员。

（五）职业价值观中淡泊名利与追逐名利的关系

古往今来，有人追逐名利，期盼名利双收；也有人超然物外，淡泊名利，两袖清风。以合理、合法、公正、公平的方式获得社会的认可和回报，在一定程度上对个人、对社会都会有益，但它需要一个度，该知足时则知足，该进取时则进取。

转动起你的三叶草

职业生涯管理有三个最重要的要素：兴趣、能力和价值观，它们支撑起我们的幸福人生。如果把上述三个要素放到一张图中，就构成了图 2-4 所示的模型。

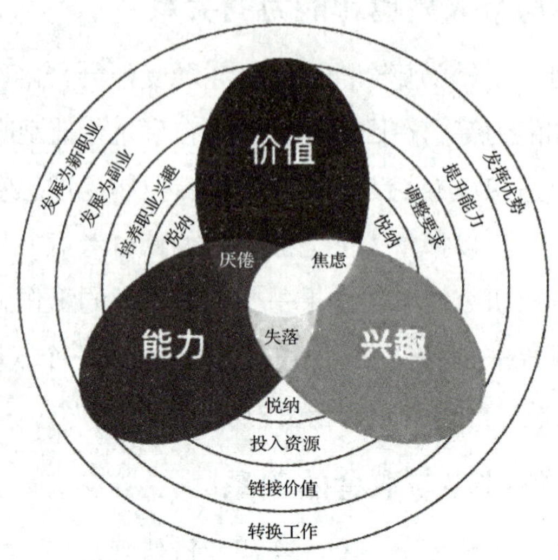

图 2-4　生涯三叶草模型

兴趣、能力、价值观的交集处呈现了一个理想职业的特质：理想的职业应该是你喜欢的、能做好的，能回报给你想要的价值的。

遗憾的是，没有谁一开始就能找到心中那个完美的职业，甚至有的人一生都找不到。要找到中心那个完美的职业，就得让三叶草的三片叶子饱满起来，即不断培养兴趣、提升能力、发现价值，而这是可能的，也是必需的。兴趣、能力和价值观之间有内在的支持系统，而且这个三叶草模型不是静止的，如果我们能推动三叶草顺利转动起来，就可以收获理想职业及理想职业生涯。

要想让三叶草顺时针转动起来，就要对某一件事感兴趣。兴趣能驱动我们持续地学习和练习，让我们有能力将这件事做成并做好，之后我们便可以寻找一种合适的方式（如就业或创业），用能力兑现自己想要的价值（如经济收入、成就感），而价值又会强化我们对这件事的兴趣。就这样，形成了“兴趣—能力—价值”的循环。

如果你在职业和生活中感受不到快乐、成就和满足感，就意味着你的三叶草已经停止转动。当兴趣、能力、价值观任何一个部分不足时，三叶草就会卡在那个环节，无法转动，生涯的发展也就因此遭遇瓶颈。当缺失兴趣时，我们往往表现出厌倦的情绪，严重者会觉得“工作没意思，生活没意思”；当缺失能力时，我们会感受到焦虑的情绪，若情绪再恶化，就会出现无力感；当缺失价值时，我们体验到的往往是失落的情绪，这种情绪时间一长就会转化成自卑。

想一想

你距离你的理想职业还有多远？找到问题所在（需要提升三叶草的哪个部分？是兴趣不够、能力不足还是价值未满足？是三叶草转动得不顺畅，卡在哪个环节了？是兴趣无法转化为能力还是能力无法兑现价值），也许就能找到你努力的起点与方向。

第五节 能　力

一、能力的内涵

能力是指个体将所学知识、技能和态度在特定的活动或者情境中进行类化迁移与整合而完成一项目标或者任务所体现出来的综合素质。简单地说，能力就是个人会做的事，能否完成是对它的证明，速度和质量是它的评价标准。

能力是在遗传素质的基础上，经过培训教育，并在实践活动中吸取集体智慧和经验而形成和发展起来的。能力有两种来源：一种是先天具有的，一种是后天习得的。能力可以通过学习和训练来培养，也可以从一个领域转化到另一个领域，如熟能生巧、举一反三。

二、影响能力水平的三大要素

（一）能力倾向

能力倾向是上天赋予一个人与生俱来的才能。例如，有的人天生对音乐敏感，有的人天生运动能力强，有的人对数字很敏感。这些才能是与生俱来的，不过也有可能因未被开发而荒废。因此，能力倾向是人的一种潜能，而且遗传、环境和文化都可能影响潜能的发现与发展。

（二）技能

技能是指一个人在先天禀赋的基础上，经过后天学习与训练不断发展起来的能力，如阅读能力、人际交往能力和表达能力。个人在成长的过程中，从什么也不会做的婴儿到一个生活自理且具有各种创新能力、创造能力的成年人，已经学会了无数的技能。

（三）自我效能感

自我效能感是指个人对自己的能力，以及运用该能力将得到何种结果所持的信心或把握程度。有研究发现，在实际生活和工作中，对个人行为起决定作用的往往不是实际能力，而是个人的自我效能感。

三、技能的分类

技能可分为专业技能、自我管理技能和可迁移技能。

（一）专业技能

专业技能是指通过教育或者培训才能获得的特别能力。要注意的是，“心理学”“平面设计”“金融学”等专业技能是不可迁移的，因为它是一些特殊的词汇、程序和特定学科内容，只有经过专门的培训才能掌握。事实上，专业技能的学习与培训并非只有通过正式的专业教育才能获得，课外培训、企业岗前培训、讨论、研讨会、网络学习、资格认证考试等方式都可以帮助一个人获得专业技能。

（二）自我管理技能

自我管理技能是一个人在生活和工作中表现出来的个性和品质，涉及个体在不同环境中如何管理自己。自我管理技能常用形容词或副词来形容，如勇于创新、积极进取、热情、忠诚、朴实、执着、感性、善解人意等。你的自我管理技能可用来说明“你是一个怎样的人”。自我管理技能是影响职业生涯成功与否的关键，也被人等同于“职业素养”，有人称之为“成功所需要的核心品质、个人最有价值的资产”。

如果一个人入职后被解雇，多是因为缺乏自我管理技能，“品质不好或品质太差”。专业不对口，可以学；事情做不好，可以练习；但品质不好，就会让人避而远之。

（三）可迁移技能

可迁移技能即一个人会做的事，一般可用动词来表示，如教学、辩论、设计、安装、计算、分析、维修、烘焙等。你的可迁移技能可以说明“你是一个很能干的人”。

可迁移技能的特征是它们可以从生活中的方方面面，特别是工作之外得到发展，并且可以迁移应用于不同的工作中。可迁移技能又称“通用技能”，是一个人最能持续运用和最领先的技能，也是当下很多用人单位在淡化求职者的学历和专业对口的重要性的同时，越来越看重的条件。一个人专业技能的运用和发挥需依赖于其可迁移技能。

如果你的专业技能是关于动物学的，你会怎样把你的专业技能运用到工作和生活中呢？是“教授”动物学、当宠物医生“治疗”宠物、“写作”科普文章“宣传”动物保护知识，还是在流浪小动物协会用专业所学“照料”小动物呢？这些加引号的动词都是可迁移技能。即使你不是“科班”出身，仍然有可能跨专业从事你想要从事的职业，尤其是那些对专业技能要求并不是很高、可迁移技能占重要地位的职业。例如，一个市场营销专业的学生凭着良好的人际交往技能，担任过某产品的校园代理，并在地区销售评比中取得过第一名的好成绩。从可迁移技能的角度看，这样的经历足以帮助他成功应聘一个公司的销售职位。

四、个人能力探索

（一）专业技能探索

回顾你在受教育的过程中获得的专业技能，如实、全面地回答下面的问题：

（1）你在学校课程中学到了什么？（如有机化学、人体解剖等）

（2）你在讲座、论坛、课外培训、辅导班学到了什么？（如考取了执业药师资格证书、教师资格证等）

（3）你从业余爱好、娱乐休闲中学到了哪些技能？（如美术、舞蹈等）

（4）你的专业技能有哪些？（与其他同学相比，除了你学的专业技能外，你还掌握了哪些别人没有的专业技能）

（二）自我管理技能探索——最受欢迎的同学

（1）你是怎样和别人相处的？

（2）你通常是以什么样的态度从事工作或学习的？

（三）可迁移技能探索——我成就的事件

（1）在校期间应该培养什么样的能力？

（2）作为职业院校的学生，你是否知道自己擅长什么？能做什么？

（3）什么样的技能可以帮你找到一份理想的工作？

五、提升个人能力的途径

（一）只在“学习区”练习

有研究表明，心理学家把个人能力分为层层嵌套的三个圆形区域（见图 2-5），最内一层是“舒适区”，是已经熟练掌握的各种技能；最外层是“恐慌区”，是暂时无法学会的技能；两者中间则是“学习区”。一个人只有在“学习区”内练习，才可能进步。有效的练习任务必须在受训者“学习区”内进行，具有高度的针对性。例如，你想成为一名舞蹈家，但是一直练习已经熟练掌握的动作，就不会有大的提升，只有不断完成各种高难度挑战，你才能成为一名舞蹈家。所以说，真正的练习不是为了完成运动量，而是持续地做自己做不好的事。

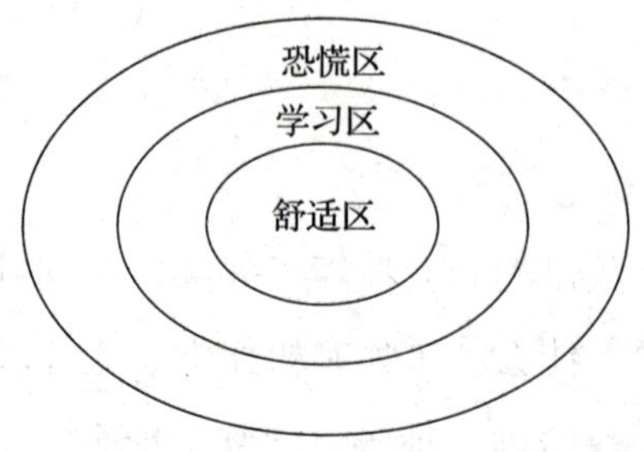

图 2-5　个人能力养成三圈图

（二）大量重复的训练

不断重复是保持记忆持久最大的秘诀。正如学英语背单词一样，市面上总有很多学英语的秘籍，尤其是快速背单词，但是要想记忆持久，仍需要进行大量重复的训练。真正的强者都是那些能够克服恐惧，一步一步达成人生目标的人。

（三）持续有效的反馈

训练时还需要做一个好的“反馈者”，看不到结果的练习等于没有练习。如果只是应付了事，你不但不会变好，而且会对好坏不再关心。在某种程度上，刻意练习是以改正错误为中心的练习。练习者必须建立起对错误的极度敏感性，一旦发现自己错了，就应感到非常不舒服，一直练习到改正为止。在刻意练习时，最好有一个好的反馈者能持续给自己意见，或者以一个旁观者的角度观察自己，每天设定非常具体的小目标，不断改进。

（四）精神高度集中

练习时必须精神高度集中。建议你找一个安静的环境，图书馆、自习室就是不错的场所，如果一边刷着微信朋友圈一边练习，则很难达到好的效果。真正的高手练习，每次练习最多 1.5 小时，每天最多 5 小时。

海伦·凯勒的故事

海伦·凯勒出生于美国亚拉巴马州北部一个城镇。在她一岁半的时候，一场重病夺去了她的视力和听力，接着她又丧失了语言表达能力。面对黑暗又寂寞的世界，她竟然学会了说话，克服了常人难以想象的困难，以优异的成绩毕业于美国拉德克利夫学院，成为一个学识渊博，掌握英、法、德、拉丁、希腊五种文字的著名作家和教育家。她走遍世界各地，为盲人学校募集资金，把自己的一生献给了盲人福利学校和教育事业。她赢得了世界各地人民的赞扬，并得到许多国家政府的嘉奖。

海伦在莎莉文老师的谆谆教导下克服了生理缺陷所造成的精神痛苦的影响。她热爱生活，会骑马、滑雪、下棋等，并从中获取知识。她21岁时和老师合作发表了处女作《我生活的故事》。在以后的60年里，她共写了14部著作。

拓展实践

实践一　"接纳自我"练习

四人为一小组，说说自己的性格类型具有哪些优势，并且举出生活中的例子。这些优势会对你的专业学习带来什么样的影响？对你的职业理想有哪些正面影响？

实践二　回顾幸福时刻

请回顾你过去的人生，并写下答案。

（1）你做什么事情时最为专注和投入？

____

____

____

（2）你始终对什么事情感到好奇？

____

____

____

（3）你喜欢执着地做什么事情？

____

____

____

（4）以上这些事情与你选专业有什么关联？

____

____

____

实践三　"中国最完美团队"的评估报告

有人这样评价《西游记》中的唐僧师徒："唐僧师徒合在一起形成了中国最完美的团队。"唐僧这样的领导对自己的目标非常执着；孙悟空虽然很自以为是，但是很勤奋，能力强；猪八戒虽然懒一点，但是却拥有积极乐观的态度；沙僧脚踏实地地做好自己本职工作，从来都不谈理想。因此，唐僧师徒成了中国最完美的团队。

请学生分组，每组 5 ~ 8 人，运用本章所学的性格、兴趣、价值观和能力四个方面的知识评价上述案例。各组可以重点从某一个或者某两个角度（如性格、兴趣）分析，也可以四个维度一起分析，完成一份“中国最完美团队评估报告”，与同学们分享。

第三章 职业世界探索

学习引导

法国诗人保尔·瓦雷里（Paul Valéry）说：“我们这个时代的麻烦就是将来不会是过去那个熟悉的模样。”随着社会经济的发展，职业的世界也在更迭变化。职业世界究竟是怎样的？大学生如何定位自己的未来职业？这需要大学生自己去探索。探索职业世界是进行职业生涯规划十分重要的一环。只有掌握一定的探索策略和方法，了解从哪些方面着手探索，我们才能更客观、全面地认识职业，从而更有效、合理地制订职业生涯规划。

学习目标

1. 了解：职业世界的过去、现在和未来，以及职业定位。
2. 熟悉：职业探索的策略和方法。
3. 掌握：职业探索的具体内容。

案例导入

小王的困惑

王如诗是湖南食品药品职业学院药学院二年级学生，就读于药学专业。王如诗表现力强、口齿伶俐，很喜欢主持人的工作。她在校期间积极参加各类活动，大一时就加入了主持社团，校内的迎新晚会、文化艺术节等活动都能看到她的身影，老师和同学们对她的主持工作赞赏有加。现在是大二了，王如诗要考虑实习与就业的事情，她犹豫不决。从内心来说，她希望自己未来以主持人为职业，但自己毕竟学的不是主持专业，专业功底不深厚，短期内也很难在此行业有较大发展，而父母就职于药品行业，他们希望她能从事与药学相关的工作。

议一议

王如诗成绩虽然一般，但是综合能力比较强，她到底选择本专业的工作还是选择感兴趣的工作呢？如果选择跨专业工作，三年的专业学习不是浪费了吗？这些问题困扰着她，她该做出怎样的抉择呢？

职业世界探索是指对自己喜欢或要从事的职业进行理论分析和实际调研的过程，目的是了解目标职业，有效地进行自我职业生涯规划。

第一节 职业与职业环境

一、职业

（一）职业的内涵

微课
职业的含义与特点

职业是指个人在社会中所从事的并以其为主要生活来源的工作种类。职业是社会劳动分工发展的必然产物，而社会分工是职业划分的基础和依据。职业随着社会发展一直在不断变化与发展：一是社会生产力的发展引起社会分工的变化，决定和制约着职业的发展和变化。历史上三次社会大分工的出现都引起了职业分工的变化。二是社会经济因素是制约和影响职业变化的重要因素。社会政治制度、文化、经济发展、宗教等诸多因素都会导致许多职业的兴衰。

职业是一个人的权利、义务、社会职责和社会地位的综合表现，也是人们的生活方式、经济状况、文化水平、行为模式、思想情操的综合反映。职业是个人与社会互动的范畴，往往职业会成为一个人基本的符号和主要特征，能够反映一个人的身份、地位及其自身的文化、能力、素质水平。

（二）职业的要素

职业由诸多方面构成，一般可以用职位、工作地点、升迁状况、雇用状况和雇用条件概括。

1. 职位

一个人从事某一职业，最终会落实到具体的岗位，因此了解一种职业，首先要探索该职业在社会中具体包含的职位或岗位。职位不同，个人承担的职责、需要的知识和技能会有差异。

2. 工作地点

工作地点包括地理位置，环境状况，工作通常是在室内还是室外，工作地点的变化性、安全性等。

3. 升迁状况

升迁状况即职位未来发展，包括工作的升迁通道、升迁速度等。

4. 雇用状况

雇用状况包括薪水、福利、进修机会、工作时间、工作稳定性、工作保障等。

5. 雇用条件

雇用条件包括岗位要求的受教育程度、资格证书、训练、能力、人格特质、职业兴趣、价值观等。

（三）职业的分类

“隔行如隔山”，每个职业有不同的工作内容。职业分类是指以工作性质的同一性为基本原则，对社会职业进行的系统划分与归类。根据国际职业分类的通行做法，职业一般划分为大类、中类、小类和细类四个层次。

1. 西方学者对职业的分类

西方学者一般将职业按照以下三个标准划分：

（1）按脑力劳动和体力劳动的性质、层次划分。按脑力劳动和体力劳动的性质、层次不同，工作人员可划分为白领和蓝领两大类。白领工作人员包括专业性和技术性的工作人员，如农场所之外的经理、行政管理人员、销售人员、办公室人员等。蓝领工作人员包括手工艺人及类似工人、非运输性的技工、运输装置工人、农场工人、服务性行业工人等。

（2）按心理上的个体差异划分。这一分类标准来自霍兰德创立的“人职匹配”理论，即把人格类型分为现实型、研究型、艺术型、社会型、管理型、常规型六种，与之相对应有六种职业类型。

（3）按每个职业的工作职责或“从事的工作”划分。这种分类标准应用比较广泛。例如，法国自 1982 年开始采用的职业分类方法将职业分为 8 个大类、24 个种类、42 个详细类别。加拿大《职业岗位分类词典》把分属于国民经济中主要行业的职业划分为 23 个主类、81 个子类、499 个细类，7 200 多种职业。

2. 中国职业分类

1999 年，劳动和社会保障部（现为人力资源和社会保障部）发布了《中华人民共和国职业分类大典》，把我国的职业由大到小、由粗到细地分为四个层次：大类（8 个）、中类（66 个）、小类（413 个）、细类（1 838 个）。细类为最小类别，即职业。

《中华人民共和国职业分类大典（2015 年版）》的职业分类结构为 8 个大类、75 个中类、434 个小类、1 481 个职业。8 个大类包括：第一大类“党的机关、国家机关、群众团体和社会组织、企事业单位负责人”，第二大类“专业技术人员”，第三大类“办事人员和有关人员”，第四大类“社会生产服务和生活服务人员”，第五大类“农、林、牧、渔业生产及辅助人员”，第六大类“生产制造及有关人员”，第七大类“军人”，第八大类“其他从业人员”。

《中华人民共和国职业分类大典（2022年版）》包括大类8个、中类79个、小类449个、细类（职业）1 639个。与2015年版大典相比，增加了法律事务及辅助人员等4个中类、数字技术工程技术人员等15个小类、碳汇计量评估师等158个职业（含《中华人民共和国职业分类大典（2015年版）》颁布后发布的新职业），如工业机器人操作员和运维人员、农业数字化技术员和农业经理人、碳排放管理员等。

由此可见，职业本身种类繁多，随着时代发展和社会变迁，职业也在新旧更替，一些旧的职业因社会需求减少而走向没落，甚至消失，如寻呼台话务员、电报员等；一些新的职业也在不断涌现。

（四）职业的榜样人物

每个领域都有佼佼者、榜样人物。建议采访职业的榜样人物，了解他们取得的成绩、遇到过的困难、具备的素质等；如果没有条件直接访问榜样人物，可以通过阅读人物相关采访或自传了解他们的奋斗轨迹，帮助自己加深对职业的了解，找到努力的方向。

（五）职业典型的一天

在制订职业生涯规划时，要想判断某个职业是否适合自己，就需要了解该职业的主要工作内容、工作中需要用到的知识和技能、每天的时间安排等。有些学生对职业的认识还停留在想象和猜测阶段，或者只看到了某个职业光鲜亮丽的部分，便心驰神往，最终发现这个职业并不适合自己。

由此可见，只有做好职业探索，才能真正了解职业，并判断这个职业是否适合自己。

二、职业环境分析

个人职业生涯的发展既受个人各方面的影响，又受职业环境的影响。个人只有通过职业环境探索认识社会形势，客观分析职业环境，了解所处环境中的各种资源和限制，结合自身的实际情况，才能有效、科学、合理地制订职业生涯规划。只有弄清环境对职业发展的要求、影响及作用，评估、衡量各种影响因素，才能在复杂的环境中趋利避害，让职业生涯规划更有实际意义。由此可见，职业环境探索是大学生求职的一个重要环节。

微课
大学生职业环境

（一）家庭环境分析

家庭环境可分为家庭内环境和家庭外环境。家庭内环境是指外人不能轻易获知的自己家里的人或事，一般指夫妻关系、家长对子女的教育方式、家长对子女未来的期望或规划等相关问题。家庭外环境是指家庭周围的环境、人群情况，外部活动场所，外部人际关系，等等。

家庭环境分析则是对家庭软、硬环境的分析。家庭软环境是指家庭内在的情绪氛围和感受，对人起着潜移默化的作用，是家庭生活中人与人互动所产生的气氛，包括家庭结构、教养方式等；家庭硬环境是指特定的物质条件，是家庭成员得以发展的基础条件，包括家庭资源、父母文化水平、父母职业等。每个人都深受家庭环境的影响，一个家庭环境的好坏往往会影响人的一生。家庭环境分析包括以下几个方面。

1. 家庭资源

家庭资源的合理配置可以为孩子提供良好的物质环境，使得孩子在压力适中、条件安定的环境中发展自我管理能力和独立性，增强学习的愿望和主动性，对学习动机有决定性作用。家庭资源分析包括家庭生活环境（是城市还是农村）、经济状况、父母和亲人的人际关系等。

2. 家人受教育程度和职业状况

家人的文化程度会直接影响教养孩子的方式。家人的职业状况会影响孩子的学习和将来的职业生涯规划。例如，父母有从事中医药相关工作的，那么孩子会耳濡目染学到一些中药知识，将来可能会偏向于医药行业发展。

3. 家庭的需求和期望

自古以来，“学而优则仕”的传统观念深入人心，家庭期望是父母对子女的期望，每个家庭的不同期望值会影响子女的职业方向。如果父母对子女的期望值较高，则子女更倾向选择一些较为热门、大众化、社会地位和收入相对较高的职业。相反，如果父母对子女的期望值较低，子女择业时易倾向以自我为中心，选择自己喜欢的职业或以自己的兴趣爱好作为参考。另外，家庭需求对大学生职业生涯规划也会产生较大影响。例如，偏远山区或经济条件状况较差的家庭，父母更希望自己的孩子选择相对稳定的职业。

（二）学校环境分析

学校环境因素对学生的职业生涯规划起着相对主导的作用。学校教育是带有明确目标的系统性教育，是专门培养人才的机构。学校各种教育环境的引导、开发和优化选择，影响着学生个体素质模式的建构和塑造。校园生活能够使学生接触广博的知识，掌握必要的专业技能，学到为人处世的方法。对学校环境的分析，一般从以下几个方面入手。

1. 学校的地理位置分析

一线大城市与小城市的就业形式有差别，学校坐落的城市会影响大学生未来就业选择。如果学校坐落在一线城市，很多毕业生会倾向留在学校所在地就业；如果学校所在地有区域特色文化或有一些政策优惠，也会吸引大学生留下就业。

无论学校坐落在大城市还是小城市，就业都有优缺点。

（1）大城市就业的优势。大城市聚集了很多企业，提供的岗位比较多，就业方向更丰富；各地发展状况不同，即使处于同一行业不同地区的工作人员，工资待遇也有所差别，大城市工资待遇相对较高；大城市发展速度快，硬件条件较完备，个人能接触到先进的技术和知识，可以拓宽知识面，全面提高就业者的能力和素养。

（2）小城市就业的优势。小城市生活成本低，虽然薪资待遇不及大城市，但消费水平较低，生活质量有保障；地方政府出台了许多就业优惠政策，鼓励毕业生到小城市、基层就业，还为毕业生的创业提供了许多帮扶政策；虽然小城市就业机会较少，但是小城市就业的竞争和压力相对大城市而言较小，毕业生经济压力较小。

2. 学校的办学层次分析

办学层次是指本校最高学历能达到的程度。高等学历教育的办学层次一般分为专科教育、本科教育和研究生教育。我国高校有重点本科、一般本科、独立学院和高职院校之分。根据市场定位的不同，每个院校都有侧重专业，如金融类、旅游类、医疗卫生类等。

3. 师资力量与教学资源分析

教师是教学过程的组织者、引导者、协调者、评估者，在知识的启发与传授过程中占据了主导地位，因此一个院校的师资力量在学生职业发展过程中起相当关键的作用。教师的教学能力、教学方法、人格魅力、思想和心理状态都会在教学过程中不断影响着学生，优秀的教师会促进学生人格和观念的发展与完善。

教学资源包括硬件设备和软件设备。硬件设备包括教室场地、教学设备、活动中心、图书馆、体育设备等；软件设备主要包括教学管理、学习氛围、学生服务、学校声望、社会资源等。完善的教学资源能够给学生提供有力的支持和良好的学习氛围。

4. 校园文化和校友文化分析

（1）校园文化。校园文化是以学生为主题，以课外文化活动为主要内容。校园文化活动是学生传承校园文化、陶冶情操、树立志向的有效平台。不同的学校有不同的校园文化，培养的学生也有不同的特点。校园文化无处不在，不仅仅指文化活动，还包括校园的建筑、广播、宣传栏、班风、二课堂等，如湖南食品药品职业学院中药学院举办的拜师礼、成人礼等校园活动。健康向上的校园文化能够陶冶学生情操，启迪学生心智，潜移默化地影响学生的主流价值理念。

（2）校友文化。校友文化是校园文化的一种，校友的先进事迹能够激发在校生奋发的意志，校友的就业方向能够启迪在校生的就业选择和职业生涯规划。

优秀而又平凡

——湖南食品药品职业学院中药学院 2019 届毕业生唐杰

唐杰，曾就读于我校中药学院中药学专业，2019 年毕业，目前就职于九芝堂股份有限公司。他在校期间担任过中药学院团总支、学生会主席。

实习前，他以三家企业作为求职目标，岗位包括市场专员、质量保证工程师、销售代表、办公室文员等。他对三家企业进行网络查询及门店走访，全面了解企业文化等重要信息后，锁定了九芝堂这家企业，他认为九芝堂的企业文化与自己所期待的职业相匹配，且与其所学专业相关。他有着年轻人接受挑战的勇气，因此选择了销售代表的岗位。实习前，九芝堂组织了一个星期的培训，培训内容是学校开设的方剂学、医药市场营销等课程中的内容，他顺利通过考核，成为九芝堂长沙市芙蓉区重点客户实习生。

实习期间让他印象深刻的是有一天去参与门店营销活动，主要内容是回答消费者问题，为消费者提供健康咨询服务等，虽然连续工作十几个小时，但学到了很多。这次经历让他想起中药学院夏老师说过的一句话：现在辛苦三到五年，未来必定幸福三十到五十年。工作期间他认真负责，将所学运用到工作中并一直进行自我能力提升。好的基础为他奠定了顺利的升职道路，2020 年 8 月，公司安排他到江苏南京任九芝堂重点客户经理。

他希望学弟学妹们利用在学校的宝贵时间早日做好职业生涯规划，朝着自己的目标踏踏实实地前进，同时把“现在辛苦三到五年，以后幸福三十到五十年”这句话送给大家。

（三）区域环境分析

1. 区域经济发展动向分析

个人职业生涯的发展离不开个人所在地区经济的发展。我国地大物博，幅员辽阔，各地区都有自己独特的自然、经济和社会条件，差异很大。国家正大力实施区域协调发展战略，如加快推进西部大开发、东北全面振兴、中部地区崛起、东部地区加快推进现代化，加大对欠发达、革命老区等特殊类型地区支持力度，加快构建优势互补、高质量发展的区域经济布局和国土空间体系等。

2. 区域经济发展的机遇分析

不同区域有不同的发展特色，我们不能只考虑在一线城市或经济发达的地区就业，要充分思考和考察，利用家乡的特点和优势发展自己。国家乡村振兴、发展区域经济等政策的实施为大学毕业生提供了更多的选择和帮助。关注区域经济发展、当地区域经济特色，有利于增加我们职业生涯发展的机会，找到适合自己就业与创业的道路，如对云南、贵州等地区，可以结合当地自有环境和民族文化特色进行创业。

（四）社会环境分析

所谓社会环境分析，就是分析与我们就业有关的社会政治环境、经济环境、文化环境等宏观因素。其主要目的是引导学生认识到社会环境对个人职业发展的重要性，能够顺应环境，合理规划职业生涯发展。人是社会的产物，正确认识社会形式，客观分析环境中的各种资源和限制，更有利于进行职业选择。

1. 政治环境分析

政治环境是指制约和影响企业的各种政治因素及其运行时所形成的环境系统。政治环境对企业的影响巨大，而企业的发展变化又影响着个人职业的发展。我们要了解国际、国内的政治环境、国家政治形势及其变化等。大学生就业的政策是国家为实现一定时期的路线、方针而制定高层次人力资源配置的行动准则，体现了一定时期社会发展的需要，也是大学生就业过程中所应遵循的基本规范。例如，国务院发布的《关于印发“十四五”就业促进规划的通知》强调，深化创业领域“放管服”改革，加强创业政策支持，实现创业资源开放共享；实施大学生创业支持计划、留学人员回国创业启动支持计划；引导高校毕业生到中西部、东北、艰苦边远地区和城乡基层就业；围绕乡村振兴战略，服务乡村建设行动和基层治理，扩大基层教育、医疗卫生、社区服务、农业技术等领域就业空间；为有意愿、有能力的高校毕业生创新创业提供资金、场地和技术等多层次支持。

2. 经济环境分析

经济环境是指企业营销活动所面临的外部社会经济条件。其运行状况和发展趋势会直接或间接地对企业营销活动产生影响，一个国家、一个地区在一定时期内的经济状况，直接影响劳动就业状况。经济的发展与科学技术的进步、劳动生产率的提高、职业变化速度的加快、就业岗位的增加密切相关。

大学生可以从两个方面观察未来经济形势：一方面城乡融合发展是我国经济发展的大势，另一方面是科学技术发展带来的变化，AI、大数据、互联网、5G 技术的应用对就业形态带来新的冲击，在这种背景下，社会对劳动力素质的要求更加综合化。2020 年以来，新冠病毒感染疫情对就业的冲击是一种外在力量，这种外在力量迫使我国内部需求也产生了变化，这就需要我们从大学教育、职业技能教育等各方面培养劳动者的综合素质，以适应经济变化带来的就业需求变化。

3. 文化环境分析

文化环境包括教育条件和水平、社会文化设施以及被社会所公认的各种行为规范等，是人类在长期的生活和成长过程中逐渐形成的，对我们的职业生涯规划有多方面的影响，如毕业生择业时出现“公务员热”“考研热”等现象。

第二节 职业探索的类型

一、专业探索

专业探索即对本专业进行调研，了解本专业学生毕业后能从事的职业，并有效利用在校时间学习专业知识和专业技能。

微课 专业与职业

（一）专业的概念

“专业”大致有两个方面的含义：一是指学业分类，高等学校或中等职业学校根据社会专业分工的需要设立的学科类别；二是指专门性职业。

（二）专业与职业的关系

专业教育培养的人才具有明确的职业导向性，两者有许多共同之处，但概念、属性等不同，可见职业和专业既有联系也有区别。

一个专业一般对应一个职业，有时对应几个相关的职业，如药学专业对应的职业有药师、医药商品购销员、药物检验员等；计算机专业对应的职业有硬件开发工程师、网络工程师、软件开发工程师、电子商务专员等。

职业群一般与基本操作技能相通，由工作内容、社会作用及从业者所应具备的素质接近的若干个职位构成。职业群可通过横向划分和纵向划分来分析：横向划分是指相同的职业存在于不同的产业或行业之中，如药学专业对应的职业群可分布在食品行业、药品行业等；纵向划分是指同一职业存在于同一行业若干个不同的岗位及其可能晋升的职务上，如药品购销专业的初始岗位为药品购销员，晋升岗位为销售经理。

一个人无论是主动还是盲从、被动地选择了某一学科，都不能保证这个专业一定是自己将来要从事的职业或事业，即使从事的某职业是与所学专业相关的，也会出现相同专业的毕业生散布在不同的产业或行业中。当然，竞争激烈的就业形势下，如果能让学生学以致用，发挥专业特长，在工作中更得心应手，就能避免人才浪费。

大学毕业生的去向一般可以分为升学、就业或参军入伍，如药学专业的学生继续升学深造的途径有自学考试、职高对口招生等，而就业则有生产、销售、服务等几大方向，具体如表 3–1 所示。

表 3–1 药学专业学生未来就业去向

所属专业大类（代码）	所属专业类（代码）	对应行业（代码）	主要职业类别（代码）	主要岗位类别（或技术领域）	职业资格证书或技能等级证书举例
医药卫生大类（52）	药学类（5203）	1. 卫生行业（84） 2. 医药及医疗器械批发（515） 3. 医药及医疗器械专门零售（525） 4. 医药制造业（27）	1. 药师（2–05–06–01） 2. 医药商品购销员（4–01–05–02） 3.医药代表（2–06–07–07） 4. 药物检验员（4–08–05–04） 5. 药物制剂工（6–12–03–00）	1. 药学服务 2. 药品生产 3. 药品质控 4. 药品购销	1. 医药商品购销员或药品购销（1+X 证书） 2. 药物制剂工或药物制剂生产（1+X 证书） 3. 药物检验员 4. 药士（从事相关专业一年后参加全国统一考试合格后获得） 5. 执业药师（从事相关专业 5 年后参加全国统一考试合格后获得）

大学所学专业是我们与未来连接的桥梁。通过了解专业未来的发展前景及继续深造和直接就业的情况，我们知道，不管未来我们做什么，会走上怎样的人生道路，专业一定是我们的出发点，只有踏踏实实地走好第一步，未来才有更多成功的可能。

（三）专业学习

在校期间，要认真学习专业知识，积极参加实训、实习、社会实践等锻炼自己，将理论与实践有效结合，真正了解所学专业，提升自己的专业技能，让自己在未来的职场中更具竞争力。

二、行业探索

行业是指从事相同性质的经济活动的所有单位的集合。行业探索即通过分析和调研目标行业对该行业进行全面解读。每个行业都有一定的特殊性和差异性，对人才的技能、层次、特征都会提出不同的要求。

我们可以从以下几方面了解行业的基本情况：

（1）行业的性质、特点和范畴。

（2）行业对生活和社会的作用及该行业的发展前景。每个行业在社会中具有特定的功能，而明确行业对社会和生活的作用，可以在一定程度上了解该行业的发展前景和趋势。

（3）行业的细分领域。行业是大类，在行业内部还有不同的分类。行业分类是指从事国民经济中同性质的生产或其他经济社会的经营单位或个体的组织结构体系的详细划分，如林业、汽车业等。

（4）行业的人才需求状况及趋势。了解行业的人才需求就是了解该行业的基本要求和准入门槛。了解行业的人才需求程度，能够帮助我们找准职业方向。

（5）从事目标行业需要具备的素质和职业资格证书。大学生在校期间时间较为充裕，可以根据目标行业考取相关的职业资格证书。大学生还应多参加校外的社会实践活动、校园内的文化活动等，根据能力分析结果培养自己的能力，提高自己的职业素质和职业竞争力。

（6）行业政策。探索行业时还要注意国家政策的影响，了解国家对某一行业是扶持、鼓励还是限制、控制。

盘点2022年十大热门职业

1. 工业互联网工程技术人员

工业互联网工程技术人员是指围绕工业互联网网络、平台、安全三大体系，在网络互联、标识解析、平台建设、数据服务、应用开发、安全防护等领域，从事规划设计、技术研发、测试验证、工程实施、运营管理和运维服务等工作的工程技术人员。

2. 虚拟现实工程技术人员

虚拟现实工程技术人员是指使用虚拟现实引擎及相关工具，进行虚拟现实产品的策划、设计、编码、测试、维护和服务的工程技术人员。

3. 全媒体运营师

全媒体运营师是指综合利用各种媒介技术和渠道，采用数据分析、创意策划等方式，从事对信息进行加工、匹配、分发、传播、反馈等工作的人员。

4. 互联网营销师

互联网营销师是指在数字化信息平台上，运用网络的交互性与传播公信力，对企业产品进行营销推广的人员。互联网营销员需持证上岗，主要有四个职业方向：选品员、直播带货员、短视频拍摄员和平台数据分析师。

5. 健康照护师

健康照护师是指运用基本医学护理知识与技能，在家庭、医院、社区等场所，为照护对象提供健康照护及生活照料的人员。

6. 社群健康助理员

社群健康助理员是指运用卫生健康及互联网知识与技能，从事社群健康档案管理、宣教培训、就诊和保健咨询、代理、陪护及公共卫生事件事务处理的人员。

7. 碳排放管理员

碳排放管理员是指从事企事业单位二氧化碳等温室气体排放监测、统计核算、核查、交易和咨询等工作的人员。

8. 家庭教育指导师

家庭教育指导师是指从事家庭教育指导、家庭教育咨询、亲子教育咨询、亲职教育（家长培训）等的专业人员。家庭教育指导师的出现，旨在解决家庭教育中存在的问题，通过教育学、应用心理学、社会家庭学的理论知识，从心理学的角度帮助父母从亲子关系上建立良好的家庭环境，指导解决亲子教养中的困惑，帮助父母更好地发展孩子多方面的心理素养。

9. 供应链管理师

供应链管理师是指运用供应链管理的方法、工具和技术，从事产品设计、采购、生产、销售、服务等全过程的协同，以控制整个供应链系统的成本并提高准确性、安全性和客户服务水平的人员。

10. 整理收纳师

整理收纳师又称衣橱整理师，是通过对客户色彩风格、诊断，先有针对性地为顾客上门整理衣橱，再陪同客户购买适合他们衣物的专业性指导顾问；是通过与客户之间的深度交流，为客户提供家居整理、收纳方案和服务的专业人士。

三、企业探索

（一）企业和企业探索

企业又称“组织”或“用人单位”，是“为了达到特定的目标而有意建构、重建的社会单位”。企业探索就是通过理论分析和实际调研对自己喜欢的用人单位进行全方位的了解。企业与个人紧密相连，每家企业都有自己的发展目标、运作模式。了解企业的基本情况是成为该企业员工的基础，也能让大学生入职后更快地适应新环境。另外，企业因需要生存和发展，会随时关注和适应社会大环境的变化，采取相应的变革措施，这也影响着员工的职业生涯。

（二）企业的类型

企业承担着特定的社会职责，是具有明确的活动目标、内容和组织机构的社会实体，主要分为以下四种。

1. 国有企业

国有企业一般指国有独资或控股的企业，分为国务院国资委管理的中央直属国企和地方政府管理的地方国企。中央直属国企主要分布在航天、军工、能源、电力、通信等战略资源行业，如中石油、中石化、中国移动、中国联通等。

2. 民营企业

除了国有独资或控股、无外资成分的企业，其他企业均属于民营企业范围。民营企业中既有超大企业、上市公司，也有小规模的初创型企业。互联网行业集中了很多快速创新发展的民企，如腾讯、小米等。

3. 外资企业

外商投资企业简称外企，在市场上与国企、民企共同竞争。外企组织形式有中外合资、混合所有制、有限合伙等企业组织形式。

4. 政府与事业单位

政府是某个区域订立、执行法律和管理的一套机构，广义的政府包括立法机关、行政机关、司法机关、军事机关。狭义的政府则仅仅指行政机关。

事业单位一般指以增进社会福利，满足社会文化、教育、科学、卫生等需要，提供各种社会服务为直接目的的社会组织。事业单位不以营利为目的，工作成果与价值不直接表现或主要不表现为可以估量的物质形态或货币形态。事业单位包括参公事业单位和一般事业单位，是国家机构的分支。

（三）企业的基本信息

一般需要探索的企业基本信息包括企业简介、发展历史、在社会中的地位和声望、发展战略、产品服务、企业文化、人力资源战略、薪酬福利、升迁政策及升迁标准等。探索到的信息越详细、丰富，对个人的职业生涯规划或求职越有利。

（四）企业的发展阶段

企业的发展是一个从诞生、成长、壮大、衰退直到死亡的过程。在生命周期的不同阶段，企业有着不同的特点。

1. 开发期

处于开发期的企业内有时存在一人身兼多项工作内容的情况，能多方面锻炼个人能力，员工晋升机会较多，短时间能升到较高位置。但企业处于开发阶段，企业经营风险较大。

2. 成长期

处于成长期的企业度过了开发期的危险，慢慢找到属于自己的生存方式、业务模式、盈利模式、财务管理模式等。这个时期企业对人才的需求量大，员工晋升机会较多、分工也比较明确。

3. 成熟期

处于成熟期的企业的岗位较固定，员工工作稳定，工作内容也没有太大变动，但是员工晋升的可能性小。

4. 衰退期

如果处于衰退期的企业没有创新性的变革，那么起死回生的可能性不大，求职者一般不需要考虑这一时期的企业。

（五）企业文化和制度

企业文化又称“组织文化”，是由其价值观、信念、仪式、符号、处事方式等组成的特有的一种文化现象。企业文化是一个企业的灵魂，影响企业经营效益。如果个人的价值观与企业文化有冲突，那么将在企业中难以发展，因此，我们需要分析企业文化是否为自己认同的文化，是否与自己价值观相符。优秀的企业文化能让员工感受到快乐和尊重，员工更有创造性，工作积极性更高。由此可见，企业文化是个人在选择目标企业时需要考虑的重要因素。

企业制度主要包括管理制度、用人制度、培训制度等。我们要特别注意企业的用人制度，清楚企业能否为自己提供发展或教育培训的机会、提供培训机会或晋升的条件，以及晋升空间的大小等。要尽可能了解企业制度，分析这些制度可能给自己带来什么影响。

四、目标岗位探索

（一）岗位及岗位探索

岗位是以多数任职者在一定劳动时间内完成的任务多少为标准而设置的，在具体单位内部，按照任务所承担的责任和需要的能力不同，岗位又可划分为多个类别。岗位探索即对企业内部某个具体岗位进行探索和分析，了解该岗位的基本职责与能力要求，为择业进行准备。

（二）岗位环境探索

1. 岗位描述

岗位描述是岗位的基本内容，即对岗位的定义、工作内容以及要具备的素质的概括。例如，食品检验岗的岗位描述一般有食品原料、食品生产过程，食品出厂各项必检项目的检测及报告，检测过程常见问题的分析、判断，检测标准及方法的选择。

2. 岗位的晋升通道

岗位是在职能的基础上根据具体需要分化产生的，所以在同一部门、同一职能有多个类似的岗位，包括相关的岗位以及这个岗位的职业发展道路两个方面。

3. 岗位的基本要求

在应聘前务必了解在不同行业背景下、不同类型的企业及企业发展所处阶段这个岗位对从业者的要求，了解岗位对相关技能、学历、资历、经验、品质、个性等方面的基本要求。当大学生综合了解岗位需求后，就可以对照自身情况，如实操能力强弱、计算机能力强弱等，将差距量化和缩短了。

企业八大基础职能

在企业中，会划分不同的职能模块。一般来说，企业有八大基础职能：销售、市场、研发、生产与服务、客服、财务、人力资源、行政。有些企业对这些职能模块的称呼可能会有所不同。每个职能都有着不可替代的作用，对相关从业人员有不同的能力要求。

第三节 职业探索的方法

根据探索职业信息方式的不同，职业探索的方法可以分为直接接触法和间接接触法两类。直接接触法即通过直接或工作，如实习、兼职等建立联系，获得第一手资料。间接接触法则是通过一些网络、媒体等获取与工作有关的信息。无论是使用一种方式或两种方式结合，只要能够获得所需资料，都是有效的方法。

一、直接接触法

直接接触法获取职业信息的途径有以下几种。

（一）亲身体验

个人可采取去企业参观、实习、社会实践等方式了解工作的性质、工作内容、工作环境，还可与现场的员工交流获得与职业相关的信息，了解企业文化、用人要求等。在考察企业时，要带着问题去参观或直接实践，不仅要看表面的东西，更要了解实质的东西，尤其是与自己的职业生涯规划有关的内容。例如，去药厂考察时，要了解制药设备的外形、工作原理、岗位所需的专业知识和技能、工作时间、工作待遇、发展空间等；如果是参观药厂，则在参观过程中要及时记录，以便后期分析；如果是参与实践，则要虚心请教学习，勤劳认真。进行实地职业探索，一方面可以了解职业信息，另一方面也可以考察自己的适应能力，探寻职业匹配度。

（二）进行职业生涯人物访谈

职业生涯人物访谈，即与目标行业的相关从业人员交流，了解职业信息。它可以帮助我们更加清楚地定位自己的职业角色，制订更加合理的职业生涯规划。一次完整、有效的职业生涯人物访谈一般包括以下流程。

1. 选择目标职业

结合自我探索部分的内容分析个人的能力、价值观、兴趣、性格，并与自己的教育背景和掌握的知识与技能相结合，列出 3 ~ 5 个未来可能从事的职业。

2. 选择目标人物

在确定的目标职业领域中寻找至少 2 位被访者。访谈对象中可以有入职多年、有所成就的中高层人物，也可以有初入职场、艰苦奋斗的基层人物。

3. 列举访谈提纲

确定访谈对象后，访谈者需要制定访谈提纲。整个访谈过程不宜过长，控制在 30 分钟之内为宜。访谈内容可以涵盖以下几项内容：访谈对象的工作情况，如工作内容、岗位职责、每天的工作时间安排，可以聊一聊访谈对象一天是如何度过的；访谈对象的任职资格，如胜任该岗位需要掌握的核心知识、技能、资格证书以及其他需要的综合素质等；访谈对象所从事职业的平均待遇和发展前景；还可以咨询访谈对象与这个职业相关或相似的职业有哪些。

4. 正式访谈

正式访谈时需注意礼仪，准时到达，在访谈过程中做好记录。

5. 访谈后工作完善

访谈后并不是把记录放一边就结束了，还需要整理记录，实时调整自己的职业生涯规划。可将整理记录和个人心得一并发给被访者，以示感谢与尊重。

（三）参加企业人士的讲座和座谈

对于学校组织企业人士到校进行的讲座和座谈，我们可多参加，探索不同企业的人才需要信息及其对人才的要求。

（四）参加职业技能竞赛

大学生参加职业技能竞赛，能激发学习的兴趣，提高个人专业技能或职业能力，为将来的就业和择业奠定一定的理论和实操基础。

（五）绘制家庭职业树

绘制家庭的职业谱可以了解家族成员的职业，咨询与其岗位相关的任职要求，可以梳理家庭中现有的可用资源，为自己的职业发展做准备。我们可通过绘制家庭职业树（见图 3-1）分析家族成员的职业，先在横线上填写家庭成员及其对应的职业，再分析他们对各职业的评价、家人对自己的职业期待，以帮助自己确定未来职业方向。

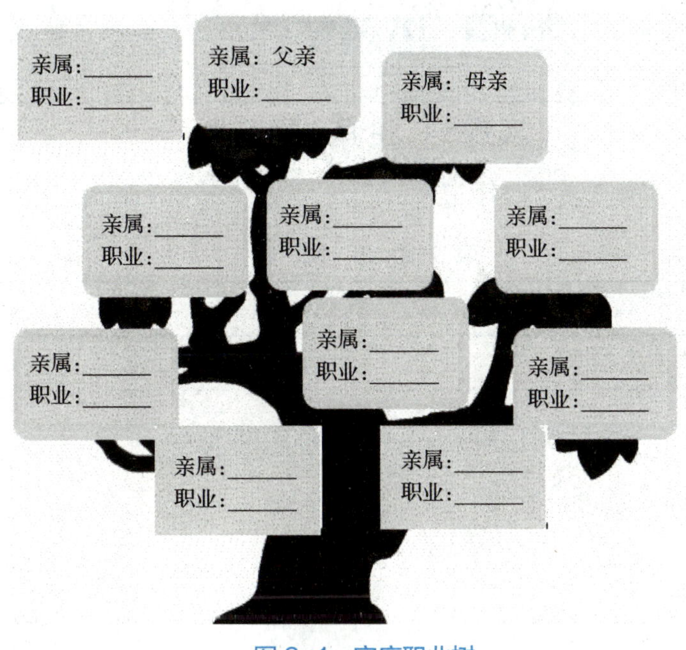

图 3-1　家庭职业树

二、间接接触法

间接接触法获取职业信息的途径有以下几种。

（一）从网站、报刊获取

网络已经成为大学生获取就业信息的主要途径，除了学校设有的招生就业信息的网页，各人才门户网站也提供了大量的就业信息。各人才门户网站发布的招聘信息通常会列出岗位的招聘要求，我们可以直观地了解各企业的需求，以进行自我分析，取长补短。网站在发布招聘信息时，通常按照行业、岗位或职能分门别类，方便求职者筛选。除了上述网站，还可以通过相关行业网站和部、省、市级的人才网站获取职业信息。另外，一些与职业相关的论坛、App 等也能够帮助我们对职场有所了解。

（二）通过视听资料获取

一些职场综艺类节目、电影、网络学堂等也包含很多关于工作的信息。例如，《职来职往》《令人心动的 offer》等可以让我们接触到一些行业的职场情况。除此之外，还可以根据自我需求，通过一些视频网站搜索与职业相关的视听资料。

拓展实践

实践一　生涯人物访谈

请进行一次访谈并在表 3-2 中记录。

表 3-2　访　谈　表

访谈时间		访谈对象	
访谈对象任职单位和职务			
访谈内容			
访谈总结			

实践二　目标职业岗位信息探索

请写出自己心目中三个理想职业，并收集三个职业的相关信息，完成表 3-3。

表 3-3　职业岗位信息表

项目名称	职 业 一	职 业 二	职 业 三
职业名称			
工作内容和职责			
工作环境			
工作福利			
职业要求的知识和技能			
入职条件			

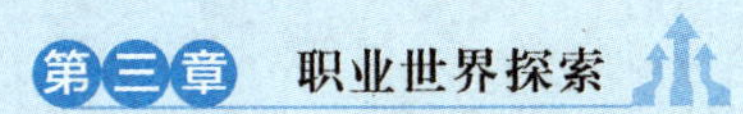

续表

项目名称	职 业 一	职 业 二	职 业 三
应聘流程及要求			
已经具备的知识和技能			
已经拥有的条件			
有利资源			
个人发展空间			

第四章

职业生涯决策

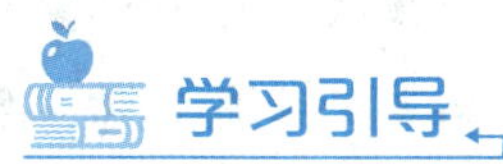

学习引导

作家毕淑敏曾写道："一个选择，决定一条道路。一条道路，到达一方土地。一方土地，开始一种生活。一种生活，形成一种命运。"人的一生就是一个不断选择的过程，决定一个人一生的往往就是一个或几个关键的决策，职业生涯规划就是一个决策的过程，是对未来职业发展方向的选择。大学生应树立职业生涯决策的观念，学会分析影响个人职业生涯决策的因素、风格等，正确运用职业生涯决策的方法和技巧，确定合理的职业生涯目标，使自己的职业生涯规划更加贴合实际、适合自己。

学习目标

1. 了解：职业生涯决策含义和原则。
2. 熟悉：职业生涯决策的风格类型。
3. 掌握：职业生涯决策的方法。

案例导入

肖慧的选择

肖慧是一名即将毕业的药学专业学生。因为家境贫寒且妹妹年幼，她自入学之初，就希望通过优秀的成绩获得奖学金来减轻家庭经济负担。功夫不负有心人，几年来，她的成绩一直都名列班级前茅。不仅如此，她还坚持写文章赚取稿费改善生活，读书期间陆续发表了几篇高质量的优秀作品。

校园招聘时，成绩优异的她很快就被一家国内著名的医药企业看中，虽然起薪不高，但是肖慧欣喜不已。这正是自己梦寐以求的公司啊！

毕业前夕，辅导员把肖慧找来谈心，希望她能够参加专升本考试，凭借她现在的基础，获得更高的学历肯定没有问题，现在的社会也越来越重视文凭。肖慧明白老师的意思，但是继续深造需要一笔不小的学费，家庭压力也比较大。

正当肖慧难以抉择的时候，有一家网络公司向她抛出了橄榄枝，原来这家公司有个项目急缺一名文字功底扎实的编辑，公司经理看到了肖慧的作品表示非常欣赏，愿意高薪聘用她。

有众多选择的肖慧陷入纠结：第一份是自己心仪的专业工作；第二份工作有发展潜力的升学之道；第三份工作能解家庭燃眉之急的现实之需。自己该何去何从呢？

议一议

（1）如果你是肖慧，你会怎么选择？

（2）肖慧在选择工作时需要考虑哪些方面的因素？

第一节 职业生涯决策概述

英国哲学家罗素（Russell）说过：“选择职业是人生大事，因为职业决定了一个人的未来。”职业生涯决策作为人一生众多决策中最为重要的决策之一，直接影响着个人的生活与发展。大学生应当利用正确的选择方法、科学的决策工具明确自己的职业生涯目标，理性地选择实现目标的路线，顺利踏上职业旅途，实现自己的社会价值和人生理想。

一、职业生涯决策的含义、特征和原则

（一）职业生涯决策的含义

微课
职业决策的概念

“决策”一词的意思就是做出决定或选择。决策是人类的核心活动，对个体、群体、组织和社会生活至关重要。一个人在其职业生涯中经常会面临多个选择，这时就需要个人做出决定，即进行职业生涯决策。职业生涯决策的概念是从经济学中发展而来的，有广义和狭义之分，广义上的职业生涯决策是一个由提出问题、收集资料、确定目标、拟订方案、分析评价，最终选定等系列环节组成的完整过程，而且在选定方案之后，还要检查和监督它的执行情况，以便及时发现偏差并加以纠正。狭义的职业生涯决策仅指行动方案的最后选择，即通常所说的“拍板”。本书采用的是广义的职业生涯决策概念。

职业生涯决策是一个复杂的认知过程，是个人根据各种条件，组织有关自我和职业环境信息，仔细考虑各种可供选择的职业前景，加以评估、选择、确定并承诺付诸实践的过程，并不只是一种选择结果。

职业生涯决策的内容通常包括：选择行业，选择行业中一种工作（工作岗位），选择获得某一特定工作的实施策略，从多个备选工作机会中选择其一，选择工作地点，选择工作取向（职业价值观），选择职业生涯目标或系列的职业升迁目标，等等。

（二）职业生涯决策的特征

职业生涯决策具有以下特征。

1. 没有完美的职业生涯决策

职业生涯决策即权衡利弊后选择相对利益最大化的那一个。因此，职业生涯决策不能满足所有需求，是一个利弊共存的存在。

2. 职业生涯决策是面向未来的冒险

职业生涯决策是基于当前的信息、经验、环境所做的选择，在实施过程中难免会有偏差，结果也不一定事事如意。

3. 职业生涯决策不仅有选择，还有行动

职业生涯决策不是一种静止的状态，而是一种动态的行动。不行动的决策会让个体充满焦虑，个体决策后行动则有可能获得新的收获。

（三）职业生涯决策的原则

1. 社会需求原则

社会需求原则是职业生涯决策最基本的原则。每个人都生活在大的社会环境中，职业生涯决策必须与社会需求相结合，以社会需求为基本出发点的职业生涯决策才具备现实性和可行性。时代在快速发展，新的职业不断涌现，旧的职业不断消亡，这就要求大学生在职业生涯决策过程中，不忽视社会背景和社会需求，紧跟时代步伐。

2. 兴趣发展原则

有研究表明，当人在做一件自己喜欢的事情时，即使很忙、很累，也不会感觉压力大，反而觉得很充实。由此可见，兴趣对一个人来说有多么重要。如果你打算从事某个职业，就应该在所学专业或该职业对人才的基本要求的基础上，努力发掘和培养自己的兴趣，逐渐找到学习和工作的乐趣。

3. 能力胜任原则

每个职业都需要相应的知识和技能，大学生在做职业生涯规划时，需要对自己的能力有所探索和了解，并根据自己的能力判断自己能否胜任这个职业；若发现自己的能力有欠缺，可以通过努力学习和练习来提升。例如，发现自己的表达能力有所欠缺，可以通过参加演讲比赛等方式锻炼和提升。

4. 利益整合原则

职业生涯决策不仅涉及个人的兴趣、特长和性格，还涉及职业的报酬、发展等。因此，大学生在进行职业生涯决策时，要考虑各方面（如个人的成就、职业发展的前景等）的利弊，然后对其进行整合，保证自己的个人价值最大化。

5. 动态目标原则

职业生涯决策是一个动态的过程。在做决策时，决策者会发现自己现在的目标可能和几年前的目标完全不一样，也就是说，各时期的目标是动态变化的，这种动态变化与社会的快速发展和决策者自身因素的变化有关。调整职业生涯目标是为了更好地适应这些变化，

但是动态目标并不是随时都要变化，有的时候也需要保持不变。

二、职业生涯决策的困难

大学生由于处于职业选择和职业定向的初级阶段，缺少各种职业经验，更容易出现职业生涯决策困难。

（一）职业生涯决策困难的表现

职业生涯决策困难在整个决策过程中均有体现，包括职业生涯决策意识的困难，信息收集的困难，产生、评估、选择替代方案的困难，计划执行中的困难，如表 4-1 所示。

表 4-1　职业生涯决策困难分类表

困难类别	判断条目
职业生涯决策意识	未察觉到做决策的需求
	不知道做决策的过程
	知道需要做出决策，但不愿意承担决策的责任
信息收集	因信息不充分、不一致而感到困难
	因信息失当、过量而感到困难
	不知道如何收集、组织和评估资料
	因信息与个人认同的概念不一致而不愿意承认信息的有效性
产生、评估、选择替代方案	由于面临多重生涯选项而难以做出决定
	由于自身条件，如健康、受教育程度等的限制而无法产生足够的选项
	由于害怕失败、害怕承诺而产生焦虑感，无法做出决策
	受人际关系、冲突、情境、资源等的影响，个人选择受限
	不知道评估的标准，如性格、能力、价值等
计划执行中	不知道形成计划的必要步骤
	不知道在未来的计划中需要完成哪些事情
	不愿意或没有能力获得必要的信息形成计划

（二）大学生职业生涯决策困难产生的原因

造成大学生职业生涯决策困难的原因有很多，主要的是缺乏准备、缺乏信息和信息不对称等。

1. 缺乏准备

缺乏准备包括犹豫不决、职业信念和决策信念错误等。犹豫不决是大学生在进行职业选择时最常见的问题之一，究其原因，许多大学生对职业定位不清，易受到各种因素的干扰，如收入的诱惑、家庭的干预等。错误的职业信念和决策信念，如“只要有兴趣，就一定能成功”“工作要在大城市”等对职业生涯决策的影响也是不容忽视的。

2. 缺乏信息

缺乏信息是指缺乏决策过程的信息、缺乏自我信息、缺乏职业信息或缺乏获得信息的方式等。许多大学生并不了解自己，不清楚自己的优势和劣势，不知道自己适合从事什么样的工作，对于职业信息的了解也不多，所以在进行职业生涯决策时常常不知道应该选择什么行业或从事哪类工作。

3. 信息不对称

信息不对称包括信息的可信度不高、内部冲突和外部冲突等。其中，内部冲突是指现实需要与个人偏好不一致，外部冲突是指自己的决策与他人的意见相冲突，如父母对自己决策的建议与自己不一致。

三、影响职业生涯决策的因素

微课
职业决策的影响因素

职业生涯决策是因人而异的，大学生应该弄清楚影响个人职业生涯决策的因素，以便适应时代环境的整体发展趋势。影响职业生涯决策的因素是多方面的。

（一）个人因素

大学生是职业生涯规划的主体，在职业生涯规划的过程中，个人对自身因素的判断与取舍，限制着职业生涯发展的空间和高度。

1. 生理特质

个人的性别、年龄、身高、长相以及健康程度等因素会对职业生涯决策造成影响。

2. 心理特质

不同性格、气质、能力的人适合不同种类的工作。个人对性格气质、兴趣爱好、职业价值观、能力倾向等进行自我评估，对职业生涯决策具有定向作用。

3. 个人的综合能力和素质

人们对事物的决断依赖于个人的素养、学识、能力等因素的综合作用，这也是个人能力水平的客观表现。受教育水平的高低会对劳动者的知识结构、职业能力和职业价值观等产生重要影响。有针对性的学习能有效提高个人的决策能力。例如，专门的计算机操作能力的学习，可以有效提高个人在软件开发与设计方面的兴趣和能力，从而促使自己的职业生涯决策往计算机领域靠拢，个人也更容易做出决断。因此，大学生应提高自身的综合素质，发掘和提升自身各个方面的能力，以加强对职业生涯决策的宏观掌控。

4. 个人的经济需求

职业报酬决定了人们的生活水平和事业发展的空间，在很大程度上影响着个人的精神生活和社会成就感。因此，经济收益是职业选择中考虑的重要因素。在职业生涯规划的过程中，大学生应在职业方向的选择上适当追求经济收入，满足个人生活和发展需求。但也要避免盲目追求高收入或短期利益，从事自己并不喜欢或有害身心的工作，否则就会浪费和错失很多宝贵的时间和机会，甚至给职业生涯的后续发展造成巨大的麻烦和障碍。所以，大学生在做职业生涯决策时，应充分考虑自身的经济情况，制定出较佳的职业生涯发展方案。

5. 个人的身心状态

身心状态指个人在特定时期的心理环境、精神状况和情感因素等特征的总和。在职业生涯决策的过程中，每个人都会遇到各种各样的问题和障碍，要做出科学合理的决策，就需要保证个人的身体、情绪和精神都处于较佳状态。大学生处于成长的快速阶段，身心状态容易发生较大的波动，面对职业生涯决策这一人生重大选择时，会感到极大的压力，甚至迷惘。所以在决定职业发展方向的过程中，大学生要及时调整好个人状态，处理好个人与职业生涯规划之间的矛盾，把握好个人的前途和命运。

（二）家庭因素

受我国传统家庭观念的影响，大学生在职业生涯决策和规划的过程中在很大程度上会受到家庭因素的制约，家庭因素主要包括家庭经济状况、家庭价值观念和家庭社会关系。

1. 家庭经济状况

家庭经济状况直接影响着大学生受教育的水平和对职业的支持强度，制约着大学生对精神生活的追求，对大学生性格、能力和兴趣的形成也有着间接的影响。

2. 家庭价值观念

受父母教育背景的影响，父母和亲人的价值观念共同决定着家庭对大学生的期望，对子女的职业选择也有着直接或者间接的影响。

3. 家庭社会关系

家庭社会关系能为大学生提供相关就业资源和相关行业信息，从而在很大程度上影响着大学生的职业发展方向。

因此，在做职业生涯决策时，大学生需要充分利用家庭资源，增强职业生涯决策的科学可行性。

（三）社会因素

社会环境中的政治经济形势、产业结构和流行的工作价值观念的变化，会给个体带来不同的职业信息，在不经意间给个人造成重大的影响。因此，大学生需要考虑政治因素、职业环境、地域因素以及社会声望，并根据实际情况适时调整策略，以适应职业生涯的整体发展要求。

1. 政治因素

从社会整体大环境来看，很多行业的未来发展趋势和政府导向是密切相关的。为了满足时代的发展需要，国家会通过相关的政策对环境和经济进行导向、调控与约束。所以，大学生应该注意个人发展与国家发展的关联性，在职业发展的方向上充分考虑政治方面的因素，保证职业生涯有一个好的发展前景。

2. 职业因素

职业的发展趋势是影响职业生涯规划的主要因素。因此，大学生所选择行业的特点、现状、未来趋势、就业竞争状况、专业在社会中的具体发展状况等因素，对个人的职业生涯决策具有重要影响。

3. 地域因素

总体来讲，市场化水平和经济增长水平相对较高的长江三角洲区域、珠江三角洲区域和环渤海区域是大学生职业生涯发展的主要阵地。受区域经济发展水平的影响，往年全国每年有七成以上的大学生在这三个区域就业，而经济发展相对滞后的偏远地区则少人问津。由此可见，地域因素对职业生涯规划的影响是普遍存在的。但随着国家对大学生服务西部、基层就业的鼓励以及目前乡村振兴的发展、基层就业空间的不断扩宽，大学生应认真分析发展状况，选择或制定更加贴近自身状况的发展方案，以实现职业生涯良好有序的发展。

4. 社会声望

社会声望由职业所拥有的社会地位和资源决定。职业地位的高低会对人们的价值观造成强烈的冲击。它潜移默化地影响着大学生的职业认知，包括大学生的职业观念、思维方式、价值取向，无形之中成为职业生涯决策的考虑因素之一。大学生应该充分了解自己的实际情况，避免因过分追求社会声望高的职业而对职业生涯的整体规划造成不良影响。

现在，我们面临的是一个知识经济社会，对职业信息的收集，对日新月异的职业环境的了解，都会影响大学生的就业观念，同时用人单位对大学毕业生的需求、能力要求、专业的具体发展状况等也是影响大学生职业生涯决策的因素。大学生需要对用人单位的需求和自己的具体情况不断地评估、预测、调整。

职业生涯的选择

——湖南食品药品职业学院 1995 届毕业生戴蓉

从初中毕业开始，我们就要面临人生中的抉择，是走职业路线还是走继续求学之路。这其实就是职业生涯的一种选择。

虽然我曾经是班上学习成绩靠前的学生，但是面临高考的压力还是有点发怵。因家境一般，在那个中专毕业包分配工作的年代，为了减轻家庭负担，我听从了父母的建议，如愿以偿地考上了湖南省医药中等专业学校（现升格为湖南食品药品职业学院）。

在进行专业选择的时候，当时面临的选择有师范类、轻工设计类、医护类三大类。因我母亲是一名教师，很多人认为我会受其影响选择师范类专业，但是我并不想成为一名教师；轻工设计类专业分数线比较低，适合女孩子，但我觉得自己没有设计的天赋。医学专业需要在专业领域内沉下心来深耕多年才能有所发展；相对来说，护士类专业的要求没那么高，但由于性格方面的原因，我还是放弃了这三个选择。母亲喜欢养花种菜，也懂得辨识一些植物药材，受母亲的影响，我也喜欢做这些能亲近自然、有益健康的事情。小时候看到药店形形色色的动植物药，就有了一种本能的亲近和喜欢。医药关乎人类生命健康，我最终选择了中药专业。

在职业生涯的初期，能选择自己感兴趣的并且有所了解的专业，会让自己更愿意为之去付出、坚持，并愿意为之奉献一辈子，因此说选对赛道很重要。

回顾这 20 多年，我换了很多的岗位，通过学习不停地适应企业的变革、行业的发展，但是我一直在医药健康这个赛道上奔跑，至今我一生未曾后悔，我的内心一直充满喜悦和感恩。

第二节 职业生涯决策的方法

职业生涯决策是一个高度复杂的过程，常常令人左右为难。人不可能一直都处于理性状态，但学会把一些理性的方法引入职业生涯决策中，培养理性决策的能力，将会使人受益终身。

一、五问分析法

五问分析法又称5W分析法，是一种简单易行的职业生涯规划决策方法，主要是通过自己提问、自己回答的方式，综合分析，找准自己的职业定位和职业生涯目标，形成合理有效的职业生涯规划。五问代表着五个问题，具体如下。

（一）我是谁

“我是谁”即对自我的认识和评价。大学生应该深刻地反思自己，全方位地认识自己。例如，对自己的学历、专业、兴趣、爱好、动机、专长、技能等逐一列出，做全面的评估。

（二）我想要做什么

“我想要做什么”即对自己职业发展的心理趋向的检验，分析自己的职业理想，了解自己想要做什么。通常来说，每个人在不同阶段的爱好和目标不完全一致，因此，大学生在大学阶段必须反复地问自己：“我到底想要什么？”最终明确自己的职业理想，为职业发展指明方向。

（三）我能做什么

“我能做什么”即对自己能力及潜能进行全面的分析和总结。一个人的能力决定了他的职业发展水平，而他的潜力影响了其发展空间的大小。大学生可从自身知识结构、学习能力、心理素质、兴趣、团队精神、沟通能力、交际能力、创新能力等方面进行自我认识，不断发掘自己的潜能，并在今后的学习和生活中有针对性地加强培养和锻炼，提高自己的职业竞争力，为实现自己的职业理想打下坚实的基础。

（四）环境支持或允许我做什么

“环境支持或允许我做什么”即对自己职业发展机遇的分析。环境支持，在客观方面包括经济发展状况、企业规章制度、人事政策、职业空间等；在主观方面包含同事关系、领导态度、亲戚关系等。大学生应综合以上两方面加以分析，找出对自己未来职业发展有利的因素并加以利用，不断提升实现自己职业理想的机会。

（五）我最终的职业生涯目标是什么

大学生通过对上面四个问题的综合分析、详尽回复，列出不利条件最少的、自己喜欢且能做到的职业，便可找准自己的职业定位、职业生涯目标，并根据自己的具体情况制订出有效的职业生涯规划。

从某种意义上说，回答完这五个问题，也就基本上完成了职业生涯决策和职业生涯规划的主要目标。运用五问分析法进行职业生涯决策，可以帮助大学生明确职业理想，激发学习潜能，实现人职的合理匹配，更好地创造人生价值。

下面以食品质量与安全专业学生 A 的职业定位为例，进行简单阐述。

（1）“我是谁”。学生 A 对自我认知评估后认为：自己是一名大一学生，积极主动、做事有条理，责任心强，担任学生会干部，具有一定管理协调能力；职业兴趣类型顺序为事务型—经营型，比较喜欢高度有序、要求明晰的工作，也喜欢制订工作计划、事业规划，并为有效发挥组织作用而积极地开展活动；迈尔斯－布里格斯人格类型测验为 ESTJ 型（外倾、感觉、思维、判断型），优势是务实，对既定目标坚韧不拔，善于了解并重视集体目标，擅长做出客观的决定；价值观倾向是协助他人，工作目的和意义在于直接为大众的幸福和利益尽一份力。

（2）“我想要做什么”。学生 A 对求职就业、升学和自主创业的发展途径分析后认为：就业符合自身家庭位置的要求，薪酬收益能贴补家庭开支，能够尽快实现职业化成长；升学不仅时间成本高，还要承担学费经济负担，另外自身英语基础也相当薄弱，对专升本考试很有压力；当下大学生热衷的创业项目，时间和精力耗费大，风险大，资金投入大，而自己的社会经验、人际关系、知识和阅历等明显不足。他综合评判各发展路径，选择求职就业的出路定位。

（3）“我能做什么”。学生 A 应立足本专业，核心竞争优势仍是专业知识。在校期间应认真学习专业知识，掌握食品质量与安全检测、控制与管理的基础知识和提升综合职业能力，考取食品安全师的资质；以技术技能为依托，不断积累工作实践经验，逐步向技术和管理兼备的职业经理人过渡，谋求企业高管的职业发展。

（4）“环境支持或允许我做什么”。学生 A 充分认识到：食品行业发展迅速，监管力度逐步加大，食品安全管理越发重要，对口人才相对紧缺；企业偏爱有社会经验、学生会干部履历且自信的学生；学生 A 就读学校一直与众多食品企业有较好的校企合作关系；

学生A家人从事食品行业多年，认为食品行业最有利于个人长远的发展，希望学生A能在食品行业发展。

（5）“我最终的职业生涯目标是什么”。学生A结合自身实际，筛选出的意向求职企业是某集团有限公司，对比该公司2022年人员招聘公告中，适合自身职业定位的岗位有食品质量监控、理化检验、食品加工、食品研发和市场营销。他将这五个岗位的招聘要求、职业精神等一一罗列，通过自我评价和他人评价进行匹配度分析，结果食品质量监管这个岗位的综合匹配度最高，这也与其考取“食品安全师”的目标高度关联。因此，学生A做出了食品质量监管的岗位选择。

二、优劣势分析法

优劣势分析法又称SWOT分析法，是在市场营销管理领域被广泛使用的分析工具。它是旧金山大学的管理学教授韦里克（Weihrich）于20世纪80年代初提出来的，主要用来帮助决策者在竞争环境中制订适合企业发展的竞争战略，现在被引入职业生涯决策中。在职业生涯规划方面，我们每个人都是自身发展的决策者，SWOT分析法同样可以发挥有效的指导作用。

在SWOT中，S代表strength（优势）、W代表weakness（劣势）、O代表opportunity（机会）、T代表threat（威胁），是个体“能够做的”（个体的强项和弱项）和“可能做的”（环境的机遇和威胁）之间的有机组合。一般来说，优势和劣势从属于个人自身，而机会和威胁来自外部环境（包括组织环境和社会环境）。

进行SWOT决策分析时，不要过分夸大自己的优势，也不要过于自卑或者把自己看得一无是处，而应客观、全面地分析，注意区分现状与前景。一般来说，大学生在进行SWOT决策分析时，应遵循以下三个步骤。

（一）调查分析内外部环境

内部环境因素包括优势因素（S）和劣势因素（W），它们是个人在发展过程中自身存在的积极和消极因素，属于主观因素。外部环境因素包括机会因素（O）和威胁因素（T），它们是外部环境对个人发展有直接影响的有利和不利因素，属于客观因素。在调查分析外部环境因素时，不仅要考虑历史与现状，更要考虑未来发展的问题。

1. 分析优势和劣势

每个人都有自己独特的技能、天赋和能力。大学生评估自己的优势和劣势，有利于在职业生涯中扬长避短，有针对性地完善自己。

（1）个人的优势。

①个人的兴趣、爱好及特长。

②某一专业知识和工作技能、经验。

③自己强烈的进取心，独立的思想和长远的眼光。

④某一科研领域的研究成果。

⑤获得的技能证书，如某种职业资格证书。

⑥具备相关的实习或项目经验，对某方面的工作或业务有较深入的了解。

⑦家庭的经济支持。

⑧自己或父母亲友的社会关系等。

（2）个人的劣势。

①缺乏某方面的专业知识和工作技能、经验。

②不自信或太自负，心态未摆正等心理状况。

③身体条件、健康状况。

④与人交谈时沟通不顺畅，表达不清楚，解释问题时抓不住重点，声音太小等。

2. 分析机会和威胁

不同的行业（包括同一行业中不同的公司）面临不同的外部机会和威胁。分析职业机会和威胁，有利于我们做出正确的职业生涯决策。

（1）外部环境的机会。

①自己所学专业的社会发展前景。

②学校或老师提供了实习实践机会。

③社会对本专业人才的需求量等。

（2）外部环境的威胁。

①目标岗位缺乏，行业发展不景气。

②自己所学专业的发展前景不明朗或此行业竞争激烈。

③自己就读的学校不是国内知名大学，科研水平不高、条件不好。

④国家近期或未来的政策导向不利于自己的职业发展。

⑤学校提供的发展机会不多，同学间竞争激烈等。

（二）构造 SWOT 矩阵

学生可根据轻重缓急或影响程度，将上述内外部环境因素排列于 SWOT 矩阵中。在此过程中，要把那些对自己的发展有直接、重要、久远影响的因素优先排列出来，把那些间接、次要、影响短暂的因素排在后面或省略，具体如图 4-1 所示。

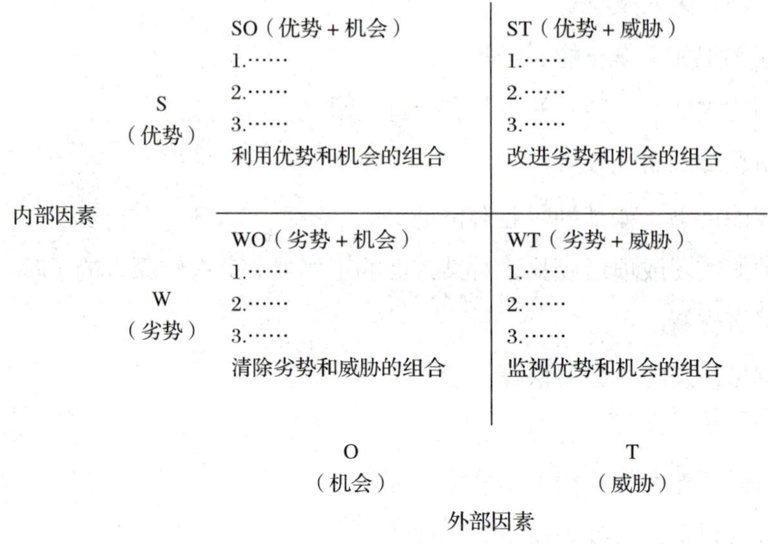

图 4-1　SWOT 矩阵

（三）确定对策并制订计划

首先，仔细地对自己做一个 SWOT 分析评估，列出自己 5 年内最想实现的 3 ~ 4 个职业生涯目标。这些目标可以包括想从事的一种职业、将晋升到的岗位、想达到的专业技术级别和希望自己拿到薪水的级别。

SWOT 内外部环境因素有四种不同的组合，对应着不同的策略，具体如下：

（1）SO（优势 + 机会）策略。这是一种最佳的组合，能寻找与自己优势相匹配的机会，最大限度地发挥内部优势和充分利用外部机会，快速发展事业。

（2）ST（优势 + 威胁）策略。这种组合能扬长避短，整合内部资源，利用自身的优势将外部威胁对自己发展造成的不利影响降到最低。

（3）WO（劣势 + 机会）策略。这种组合能趋利避害，克服自身弱点去寻找发展的机会，利用外部机会或资源弥补内部劣势，使得劣势因素的负面影响降低。

（4）WT（劣势 + 威胁）策略。这种组合面临内忧外患的情况，个人可以通过加大投入学习和自我提升的方法以清除劣势，也可通过职业转型回避劣势和威胁。

然后，列出一份今后 3 ~ 5 年的职业行动计划。这一步主要涉及一些具体的内容，特别是要达到自己的职业生涯目标所需要提高的内容。如果你觉得你需要一些外界帮助，请说明你需要何种帮助及如何获取这种帮助。例如，SWOT 分析可能表明个人为了实现理想中的职业生涯目标，需要进修更多的管理课程，那么，你的职业行动计划应说明要参加哪些课程、什么水平的课程以及何时进修这些课程等。详尽的行动计划将帮助你做决策，就像旅游前制订的计划将成为你的行动指南一样。

我们分析出自己职业发展及行为习惯中的缺点并不难，但以合适的方法改变它们却很难。这时候就一定要寻求各种途径的帮助。同学、朋友、职业咨询专家的协助、监督、及时地反馈信息，对于自身弱势的消除以及计划的顺利实施都有很大的帮助。

三、决策平衡单分析法

微课

平衡单分析法

决策平衡单分析法是一种卓有成效的职业生涯决策方法。在面临多种选择方案而不知如何取舍时，可以考虑使用平衡单分析法。运用该方法有两个前提条件：一是决策者具备事业成熟的相关条件，二是决策者已经有了可供选择的多个职业发展方案。

（一）决策平衡单法的基本思想

决策平衡单法将不同的选择方案集中在四个主题上进行评估：自我物质方面的得失、他人物质方面的得失、自我精神方面的得失（自我赞许与否）和他人精神方面的得失（社会赞许与否）。决策平衡单法兼顾了内部需求和外部环境因素，可以帮助决策者具体地分析每一个方案实施后的利弊得失，最后排出优先顺序，确定最终方案。

（二）决策平衡单法的操作步骤

（1）明确希望从事的职业。

（2）细化四个主题的具体考虑因素。

（3）按照自己的情况给每个考虑因素设置权重（1 ～ 5 倍）。

（4）填写每个考虑因素的具体分数。每个所选职业的得分或失分可以根据该职业对自己而言的优势（得分）、劣势（失分）来确定；根据自己对考虑因素的擅长程度，填写对应的分数，计分范围为 -5 ～ 5 分。每一因素的得（失）分乘以权重即为该因素的分数。

（5）算出每个职业的得失差数。将每个所选职业的得分和失分求和，算出客观的得失差数。

（6）比较职业的得失差数，数值最大者为用决策平衡单法做出的综合效用最大化的决策。

平衡单示范表如表 4-2 所示。

表 4-2　平衡单示范表

<table>
<tr><th colspan="2" rowspan="3">考虑因素</th><th>权重</th><th colspan="6">职业选择加权计分</th></tr>
<tr><th rowspan="2">（1～5倍）</th><th colspan="2">职业选择一
（　　）</th><th colspan="2">职业选择二
（　　）</th><th colspan="2">职业选择三
（　　）</th></tr>
<tr><th>得（+）</th><th>失（-）</th><th>得（+）</th><th>失（-）</th><th>得（+）</th><th>失（-）</th></tr>
<tr><td rowspan="11">个人物质方面的得失</td><td>个人收入</td><td></td><td></td><td></td><td></td><td></td><td></td><td></td></tr>
<tr><td>升迁的机会</td><td></td><td></td><td></td><td></td><td></td><td></td><td></td></tr>
<tr><td>休闲时间</td><td></td><td></td><td></td><td></td><td></td><td></td><td></td></tr>
<tr><td>生活的变化</td><td></td><td></td><td></td><td></td><td></td><td></td><td></td></tr>
<tr><td>就业机会</td><td></td><td></td><td></td><td></td><td></td><td></td><td></td></tr>
<tr><td>对健康的影响</td><td></td><td></td><td></td><td></td><td></td><td></td><td></td></tr>
<tr><td>工作难易程度</td><td></td><td></td><td></td><td></td><td></td><td></td><td></td></tr>
<tr><td>工作环境的安全</td><td></td><td></td><td></td><td></td><td></td><td></td><td></td></tr>
<tr><td>未来的发展</td><td></td><td></td><td></td><td></td><td></td><td></td><td></td></tr>
<tr><td>社会资源</td><td></td><td></td><td></td><td></td><td></td><td></td><td></td></tr>
<tr><td>其他</td><td></td><td></td><td></td><td></td><td></td><td></td><td></td></tr>
<tr><td rowspan="4">他人物质方面的得失</td><td>家庭经济</td><td></td><td></td><td></td><td></td><td></td><td></td><td></td></tr>
<tr><td>家庭地位</td><td></td><td></td><td></td><td></td><td></td><td></td><td></td></tr>
<tr><td>家人相处的时间</td><td></td><td></td><td></td><td></td><td></td><td></td><td></td></tr>
<tr><td>其他</td><td></td><td></td><td></td><td></td><td></td><td></td><td></td></tr>
<tr><td rowspan="8">个人精神方面的得失</td><td>生活方式的转变</td><td></td><td></td><td></td><td></td><td></td><td></td><td></td></tr>
<tr><td>成就感</td><td></td><td></td><td></td><td></td><td></td><td></td><td></td></tr>
<tr><td>自我实现的程度</td><td></td><td></td><td></td><td></td><td></td><td></td><td></td></tr>
<tr><td>兴趣的满足</td><td></td><td></td><td></td><td></td><td></td><td></td><td></td></tr>
<tr><td>挑战性</td><td></td><td></td><td></td><td></td><td></td><td></td><td></td></tr>
<tr><td>社会声望的提高</td><td></td><td></td><td></td><td></td><td></td><td></td><td></td></tr>
<tr><td>所学应用</td><td></td><td></td><td></td><td></td><td></td><td></td><td></td></tr>
<tr><td>其他</td><td></td><td></td><td></td><td></td><td></td><td></td><td></td></tr>
</table>

续表

<table>
<tr><th colspan="2" rowspan="3">考虑因素</th><th>权重</th><th colspan="6">职业选择加权计分</th></tr>
<tr><th rowspan="2">（1～5倍）</th><th colspan="2">职业选择一
（　　）</th><th colspan="2">职业选择二
（　　）</th><th colspan="2">职业选择三
（　　）</th></tr>
<tr><th>得（+）</th><th>失（-）</th><th>得（+）</th><th>失（-）</th><th>得（+）</th><th>失（-）</th></tr>
<tr><td rowspan="5">他人精神方面的得失</td><td>父母的支持</td><td></td><td></td><td></td><td></td><td></td><td></td><td></td></tr>
<tr><td>师长的支持</td><td></td><td></td><td></td><td></td><td></td><td></td><td></td></tr>
<tr><td>配偶的支持</td><td></td><td></td><td></td><td></td><td></td><td></td><td></td></tr>
<tr><td>子女的支持</td><td></td><td></td><td></td><td></td><td></td><td></td><td></td></tr>
<tr><td>其他</td><td></td><td></td><td></td><td></td><td></td><td></td><td></td></tr>
<tr><td colspan="2">总分</td><td></td><td></td><td></td><td></td><td></td><td></td><td></td></tr>
<tr><td colspan="2">得失差数</td><td></td><td></td><td></td><td></td><td></td><td></td><td></td></tr>
</table>

注：（1）在平衡单中列出个人所选择的3个潜在职业，从表中提及的4个因素中列出你进行职业生涯决策时所考虑的因素。根据职业对你的重要性和迫切性，对每个考虑因素按照自己的情况设置权重（1～5倍），1倍表示最不看重，5倍表示最看重。

（2）对每个所选职业的得分或失分，可以根据选择该职业具有的优势（得分）、缺点（失分）来回答，根据擅长到不擅长，从高到低递减。计分范围为-5～5分，0～5分为得分，全得为10分；-5～-1分为失分，全失为-5分。每一因素的得（失）分乘上权重为该因素的分值。

（3）计算出每个所选职业的优点总分和缺点总分，优点总分减去缺点总分，算出客观的“得失差数”，并以此分数来做出最后的决定。比较3种职业的得失差数，分数越多，该职业越适合自己。

（4）根据自己的真实想法作答，正确评估每种职业对自己的重要性。

（5）比较每种职业的综合得分，据此做出职业生涯决定。这个决定就是用职业生涯决策平衡单法所做出的综合效用最大化的决定。

（三）决策平衡单法示例与分析

本章案例导入里面的肖慧也可以利用决策平衡单分析法解决她职业选择的困扰。

下面是肖慧利用生涯决策平衡单做出的职业生涯决策如表4-3所示。

表 4-3 肖慧的决策平衡单

考虑因素		权重（1～5倍）	职业选择加权计分					
			医药公司		升学深造		网络公司	
			+	−	+	−	+	−
个人物质方面的得失	个人收入	4	3（12）			3（12）	5（20）	
	未来发展	3	3（9）		5（15）		1（3）	
	休闲时间	1		2（2）	5（5）			3（3）
	对健康的影响	2	1（2）		2（4）			2（4）
他人物质方面的得失	家庭收入	5	3（15）			5（25）	5（25）	
	家庭地位	3	3（9）			1（3）	2（6）	
个人精神方面的得失	创造性	3	3（9）		2（6）		2（6）	
	变化性和多样性	3	2（6）		5（15）		3（9）	
	影响和帮助他人	2	3（6）			1（2）	1（2）	
	自由独立	2	3（6）		5（10）		2（4）	
	被认可	4	4（16）		5（20）		2（8）	
	挑战性	3	3（9）		5（15）		3（9）	
	应用所长	3	3（9）		5（15）		5（15）	
	兴趣的满足	4	5（20）		4（16）		2（8）	
他人精神方面的得失	父亲	4	2（8）			3（12）	4（16）	
	母亲	4	2（8）			3（12）	4（16）	
	弟弟	4	3（12）		1（4）			2（8）
	老师	4	2（8）		5（20）			1（4）
小计			164	2	145	66	147	19
总分			162		79		128	

肖慧通过生涯决策平衡单进行分析后，她的决策方案得分是：医药公司＞网络公司＞升学深造。由决策平衡单的结果可知，进入医药公司工作较为符合肖慧的职业生涯目标。通过这个案例，我们能发现，列举考虑因素，给每项因素分配权重以及给各项因素打分的过程，就是决策者厘清思路的过程，决策平衡单法提供了一个思考的框架和过程。

科学、合理的职业生涯决策会为个人进入职业领域奠定良好的基础，它能避免大学生进入职场后引发职业倦怠、职场生活无法平衡、频繁换工作等问题，帮助大学生更好地进行职业定位、提高工作满意度以及职业的可持续发展。

第三节 职业生涯决策的风格及其应对

决策风格是指在个人在后天的成长学习中逐渐形成的，且在决策情景中采用的一致的、习惯性的行为方式。每个人都有自己的决策风格，每个人做决策时都会受个人风格的影响。每个人都应该了解自己的决策风格。

一、职业生涯决策的风格

不同决策风格的个体对决策的步骤有不同的偏好，对行动的迫切性有不同的反应，对待风险的态度与处理问题的方式也有明显的差异。

在大学生的就业过程中，我们也能感受到不同的决策风格对职业生涯决策的影响。例如，小杜、小李和小田是即将要毕业的大学同学。小杜活泼外向、能说会道，对营销极感兴趣，立志成为营销精英，所以她在医药公司实习期间积极表现，获得了销售部门主管及同事的好评，还未毕业就早早拿到公司正式录用通知。而小李陷入纠结，一方面，她的成绩很好，想专升本继续学业；另一方面，她也觉得目前实习的这家公司很不错，正好这家公司愿意留用她，但表示岗位不多，如果她近期不签约将会另录他人。小李很苦恼，决定让她的好朋友小杜帮她做出决定，小杜让她选哪个她就选哪个算了。而小田就不存在这样的困扰，他把简历往各家公司一投，哪家单位先录用他或哪家薪酬给得高，他就选择哪家。

我们可以感受到小杜明确了自己的性格能力优势及职业兴趣，对自己工作早就有了目标，并通过自己积极行动得到了心仪的工作，有思考、有目标、有计划及行动，是一个理性计划型的人；小李则陷入了选择困难，面对职业选择这种重要的事情，她却把选择权交给了他人，说明她习惯依赖他人；而小田广投简历的行为，看似是洒脱，实则是在逃避，他放弃了为自己争取理想工作的机会，让自己成了那个“被选择”的人，陷入了被动的状态。

1995 年，美国职业生涯专家斯科特（Scott）和布鲁斯（Bruce）把决策风格分为五种类型：理智型、直觉型、依赖型、回避型和自发型。

（一）理智型

理智型的决策风格以周全的探求、系统分析和评估为特征。理智型的决策者具备深思熟虑、分析、逻辑的特性，会评估决策的长期效用，并以事实为基础做出的决策。理智型决策是比较受到推崇的决策方式，强调全面地收集信息、理智地思考和冷静地分析判断，是一种良好的思考习惯。但理智型决策有可能会使决策太过于理性而比较僵化缺乏弹性，或不能消除自己或他人观点的困扰。例如，对于旅游，提前做好各种攻略，一切按计划行动的优点是考虑周到，能够提前应对各种可能出现的状况，较少陷入困境或麻烦；缺点是缺乏自在和随意，不能运用自己的直觉去享受旅途。体现这种决策风格的语言有“一切操之在我”“我是命运的主宰，是自己的主人”等。

（二）直觉型

直觉型的决策风格与理智型的相反，以依赖直觉和感觉为特征，比较关注内心的感受。直觉型的决策风格以自我判断为导向。当信息有限时，个人能够快速做出决策；当发现错误时，个人能迅速改变决策。直觉型的决策风格以个人直觉而不是以理性分析为基础，个人往往会因信息经验的不足而发生决策错误，产成决策不确定性。体现这种决策风格的语言有“先做了再说，以后再想结果”“感觉还不错，就这么决定了”等。

（三）依赖型

依赖型的决策风格以寻求他人的指导和建议为特征。这类决策者允许他人参与决策并共同分享决策成果，很难承担独自做决定的责任，如果长期寻求别人的意见，就会忽略自己内心的想法和声音，有可能导致决定并不是自己真正想要的。此类型的决策者需要理解生活中他人对自己的影响程度。体现这种决策风格的语言有“爸妈让我这样做”“他们认为我适合”等。

（四）回避型

回避型的决策风格以试图回避做出决策为特征，是一种拖延、犹豫的方式。面对决策问题会产生焦虑的决策者往往是因为害怕做出错误决策而出现这样的反应。决策者往往因不能够承担做决策的责任而不去做准备，不知道自己的目标，也不进行思考，更不寻求帮助。回避型决策风格的学生容易被学校、企业等就业支持平台忽略。因此，这些学生只有意识到自身决策风格及其可能造成的危害，增强职业生涯规划的意识和动机，积极行动，才能得到帮助并提高自己的决策能力。体现这种决策风格的语言有“船到桥头自然直”“天塌下来会有大个子顶着”“反正一切都是命运”等。

（五）自发型

自发型的决策风格以渴望即刻、尽快完成决策为特征。自发型的决策者往往不能容忍决策的不确定性以及由此带来的焦虑情绪。虽然决策效率看似非常高，但自发型决策者常会基于一时的冲动，在缺乏深思熟虑的情况下做出决策，通常会给人果断或过于冲动的感觉。体现这种决策风格的语言有“先决定，以后再慢慢考虑”“先就这个了，大不了以后再换”等。

二、职业生涯决策风格的应对

（一）不同决策风格的应对

人们在做决定的时候不会只采用一种方式，而是会用多种方式，只是更倾向于某一种。什么样的决策风格更好，没有定论，每个决策风格都有其优缺点，但个体可以通过提升对自己决策风格的觉察力，避免思维惯性，有意识地分析自身决策能力存在的不足，有针对性地去修正与完善。

1. 理智型决策风格的应对

虽然理智型决策者做事有理有据，能透彻地分析出各个选项的利弊，但在职业选择时也要遵从自己内心的需求，多听取他人的意见和想法；能接受变化，保持一定弹性和适应性。决策没有最完美，只有最适合。

2. 直觉型决策风格的应对

直觉型决策者往往会忽视收集相关信息的重要性。这类型的大学生在做职业生涯决策时，应在保持自我感觉的情况下，重视对信息的收集，并加强对职业环境等相关因素的了解。

3. 依赖型决策风格的应对

依赖型决策者习惯做决策时比较被动或顺从他人的意见，寄希望于他人，表现特征是等待和拖延。大学生应加强对自我的认知，积极学习相关信息知识，充实个人的内在力量，及时改变自身的思维惰性以及胆小懦弱的性格。

4. 回避型决策风格的应对

回避型决策者往往处于难以下决定的挣扎状态，即使收集了相关的资料，也往往因犹豫不决而错过时机。大学生应认识到决策是一个过程，而不是一个结果，要勇敢地去行动，在行动中修正、完善。

5. 自发型决策风格的应对

自发型决策者做事过于毛躁和冲动。大学生应学会冷静思考，耐心地分析现有情况，权衡利弊优劣，放慢决策的速度，让决策更有质量。

拓展阅读

摆脱选择困难症的措施

内心冲突是指人内心有多种欲求，但这些欲求又是相互对立、无法同时满足的。按照美国心理学家勒温和米勒的分类，内心冲突可分为四种类型：

（1）双趋冲突。两个都想要，却只能二选一，可谓鱼和熊掌不可兼得。

（2）双避冲突。两个都不想要，却必须二选一。

（3）趋避冲突。风险与收益并存。例如，面对一个高薪但高强度的工作，你既想要高薪又担心因长年加班而身体吃不消，让你很难做决定。

（4）双重趋避冲突。两种选择都有利有弊。例如，如工作A稳定、清闲、工资低，工作B不稳定、压力大、工资高，你不知该选哪个。

当发生内心冲突时，做选择就没那么容易了。看似有好几个选项，然而每个选项都不是最优选。于是，有的人因"两个都想要"而纠结；有的人因"必须舍一个"而不甘；有的人则出现"选哪个都不满意"的失落。内心冲突让个人的种种负面情绪纠缠在一起，选择越多越痛苦。

如何摆脱选择困难呢？我们可以采取以下三项措施：

（1）解决主要矛盾。当需求有冲突时，较好的解决方案是先满足核心需求，等有条件时再满足其他需求。例如，对于大学毕业是选择工作还是升学，就需要问自己当下哪个需求更迫切，这些需求是否可以分步实现。把内心冲突梳理清楚，也就迈出了选择的第一步。

（2）放低自己的要求。有些人做选择很困难，原因在于他们过分追求完美，将大量时间花费在评估和担忧各种可能性的发生上，试图找到最优解，但因受制于现实条件而往往找不到最优解。很多纠结其实是做无用功，不如少一些思考多一些行动，有70分的满意解就果断决策。

（3）树立信心，接纳试错的结果。有些人做选择很困难，原因在于害怕损失、害怕未知。然而，没有人是预言家，没有人能精准地预测未来，因此我们要学会接纳可能的错误，接纳做出选择当下的自己。

总之，当你能够为自己的选择负责，做好承担代价、接受任何结果的准备时，选择便没那么难。在生活中，我们总会面临众多分岔路口，选择过后，向前看，未来的风景更美。

（二）不同情境下的决策风格选择

实际上，对于不同的事情，需要不同的决策风格，每一种决策风格在一定的情境下都是适用的。

（1）通常情况下，我们推荐大家采用理智型的决策风格来做决定。荷兰阿姆斯特丹大学的科学家们发现，就做简单的决定而言，经过思考做出的抉择通常比较合理；而在面对比较复杂的抉择，或者获得的信息很有限，存在较高的不确定性，很难进行理智分析的情况时，采用直觉型决策风格更为可取。很多高级管理者在面对一些极复杂的情况时，往往采取的是直觉型决策，但成功的前提是他们已具备较为完善的知识结构、丰富工作经验和人生阅历、情感、价值观等。大学生在面对职业选择时，可以通过多认知自我、认知职业社会，降低情况的不确定性或信息的有限性，让决定变得相对简单，从而理性抉择。

（2）对于一些比较重大的决定，如果个人很难独自承担决策失误造成的责任，就可以采取依赖型的决策模式。例如，你有机会保送某校的本科生，但是你又非常渴望考取另一所学校，如果放弃保送，另一所学校又考不上，就会得不偿失。这时候你可以依赖一些资源，如多听听专业课老师或另一所学校学长的建议。

（3）在距离当下还有足够时间做决定时，可以采用回避型决策。例如，你刚上大一，你的父母就希望你将来毕业后回老家找工作，但这个时候你并不清楚自己的想法，你就可以待自我探索到一定程度后再做决定。你可以在大学期间多去拓展自己的视野，尝试在大城市积累一些兼职工作经验等。

（4）在需要尽快做决定的时候，可以采用自发型决策风格。例如，你有一个非常好的实习机会，需要马上做决定，机会稍纵即逝，这个时候你可以采用自发型决策方式，果断做决定。

因此，个人应有意识地识别决策风格，选择适合自己的、适合当下情境的决策风格。

拓展实践

实践一　探索你的决策风格

1. 请大家通过下面的小测试对自己的职业生涯决策的风格进行分析。

请根据以下情境做出选择。

路边有一片桃园，假如你可以进入桃园摘桃子，只许前进不许后退，且能摘一次，要摘一个最大的。你会怎么办？

A. 先对视野范围内的桃子进行比较，形成一个大概的标准，再根据这个标准选择最大的桃子。

B. “我感觉这个大！”凭第一感觉摘一个。

C. 去问看桃园的人，让他告诉你什么样的桃最大，或者问有经验的人什么样的桃最大。

D. 先别管了，走到最后再摘吧。

E. 稍微比较，迅速摘一个。

你的选择是__________。

2. 参照表 4-4 探索自己决策风格的类型。如果描述的这句话符合自己的情况，则进行勾选。最后根据测评结果把勾选的题号归入不同的类型，哪种类型的得分最高，测试者的决策风格就属于哪种类型。

表 4-4　决策风格探索

序　号	情景描述	是/否
1	我常仓促地做决定	
2	我做事情时不喜欢自己做决定	
3	遇到难题时，我就把它放到一边	
4	我会多方收集做决定所必需的资料	
5	我常凭一时冲动行事	
6	我喜欢做事时有人在身旁，以便随时商量	
7	遇到需要自己做决定的情况，我就紧张不安	
8	我会将收集的材料加以比较、分析，并列出选择方案	
9	我经常改变我所做的决定	
10	发现别人的看法与自己的不同时，我就不知该怎么办	

续表

序　号	情景描述	是/否
11	我做事总是思来想去，下不了决心	
12	我会权衡各个方案的利弊得失，选出此时此刻最好的方案	
13	做决定之前，我未做任何准备，也没有分析可能的结果	
14	我很容易受别人意见的影响	
15	我觉得做决定是一件痛苦的事情	
16	我会参考其他人的意见，并结合自己的情况做出适合自己的决定	
17	我常不经慎重考虑就做出决定	
18	在父母、师长或亲友催促我做决定之前，我并不打算做任何决定	
19	为了避免做决定所带来的痛苦，我现在并不想做决定	
20	经过深思熟虑之后，我会果断地选择一个较佳方案	
21	我喜欢凭直觉做事	
22	我常让父母、师长或亲友为我做决定	
23	我处理事情经常犹豫不决	
24	当确定了所选择的方案后，我会展开必要的准备行动并全力以赴地做好	

结果说明：

直觉型：1、5、9、13、17、21

依赖型：2、6、10、14、18、22

回避型：3、7、11、15、19、23

理性型：4、8、12、16、20、24

实践二　SWOT 分析法的运用

班级学生分组，每组 5 ~ 7 人，各组组员认真分析自己的优势、劣势、机会及威胁，并填入自己的 SWOT 分析表中，再与小组的其他成员分享，其他学生亦可根据对该名学生的了解对表格内容进行讨论，帮助其完善表格内容。

此项实践活动能让大家更加深刻地认识自己、扩充对职业社会的认知、了解自己与职业需求的差距，从而找出极佳的自我学习改进方法。

第五章 制订职业生涯规划

学习引导

如果我们没有切实可行的人生目标，就不会有前进的方向；同样，没有付诸行动的方案和计划，再远大、再宏伟的理想抱负也就没有了实现的可能。因此，我们在进入大学后必须制订一份适合自己的职业生涯规划。职业生涯规划就是要帮助人们，特别是年轻人树立短期、中期、长期的职业发展目标，并将几十年后的目标与今天的行动联系起来，防止"滑"向未来。

学习目标

1. 了解：职业生涯规划制订的依据、原则和步骤。
2. 熟悉：职业生涯目标的确定策略，职业生涯规划评估与调整。
3. 掌握：职业生涯规划书的写作步骤。

案例导入

目标指引前进方向

哈佛大学有一个关于目标、理想的故事被很多人不断提起。

某年，一群学生从哈佛大学毕业了，哈佛大学对他们进行了一次关于人生理想的调查，结果有 27% 的人没有理想目标，60% 的人理想目标模糊，10% 的人有着清晰但比较短期的理想目标，其余 3% 的人有着清晰而长远的理想目标。以后的岁月，他们行进在各自的人生旅途中。

25 年后，哈佛再次对这群学生进行了跟踪调查。结果是这样的：3% 的人，25 年间他们朝着一个方向不懈努力，几乎都成为社会各界的成功人士，其中不乏行业领袖、社会精英；10% 的人，他们的短期目标不断地实现，成为各个领域中的专业人士，大都生活在社会的中上层；60% 的人，他们安稳地生活与工作着，但都没有什么特别的成绩，几乎都生活在社会的中下层；剩下 27% 的人，他们的生活没有目标，过得很不如意，并且常常抱怨他人，抱怨社会，当然，也抱怨自己。其实，他们之间的差别主要在于：25 年前，他们中的一些人就已经知道自己最想要的是什么，而另一些人则不清楚或不是很清楚。

议一议

请结合案例讨论职业生涯目标和职业生涯规划在人生中的重要意义。

第一节 职业生涯目标概述

如果一个人的职业生涯目标出现了偏差，那么他的理想极有可能无法实现，因此，确定恰当的职业生涯目标是非常重要的环节。

一、职业生涯目标的含义

职业生涯目标是指个人为自己所设定的将来要从事并为其努力的职业。职业生涯目标的确立可促使个人合理规划自己的学习和实践，为实现职业生涯目标进行积极准备并付诸实际行动。

二、职业生涯目标的分解

个人通过完成职业生涯决策对职业定向后，面临如何沿着既定方向坚定前进的问题。在大学生活中，将职业方向转化为具体的职业生涯目标是大学生应当完成的挑战。职业生涯目标根据不同的分类方法，可以分为不同的类型。

（一）按时间进行分解

职业生涯目标以时间为标准，可分解为人生目标、长期目标、中期目标与短期目标。通常，职业生涯目标是先以自己的最佳才能、最优性格、最大兴趣、最有利的环境等信息为依据确定人生目标和长期目标，再把人生目标、长期目标进行分化，根据个人的经历和所处的组织环境制订相应的中期目标和短期目标。

（二）按目标性质进行分解

职业生涯目标以性质为标准，可分解为外职业生涯目标与内职业生涯目标。外职业生涯目标是根据社会环境、企业环境、行业发展等各方面情况所确立的职业生涯目标，如经济收入目标、职称职务目标、工作环境目标、工作地点目标等，侧重于一些较客观的因素。而内职业生涯目标是基于自身的性格、兴趣、特长等因素进行职业生涯规划时确定的目标，如思想观念目标、工作成果目标、工作能力目标、心理素质目标等，侧重一种个体的自我效能感，因而较为主观。只有内、外职业生涯目标结合，职业生涯规划才能得到有效实施和执行。

三、制订职业生涯目标的注意事项

（一）制订长期目标的注意事项

长期目标期限以 10 年为宜。长远的职业生涯目标，一是靠自己思考、反思而得来，以自己的价值观、信念、能力、特性与理想或志向为基础进行分析，把可能性与志向做一个新的组合；二是靠自己的创见得来。独到的、创造性的见解能使个人超脱现实思想限制，拓宽眼界，利于个人长期职业生涯目标的确定。制订职业生涯远景规划应符合以下七个标准：

（1）自由选择的。

（2）从几个选项中挑出来的。

（3）每种选择的结果，都一一做过评估。

（4）所做的选择都应受重视，而且感觉上“不错”。

（5）对之感到骄傲，而且愿意告诉别人。

（6）打算以行动完成的生涯远景规划图。

（7）适合自己的整个生活模式，对于本人应有意义，同时与自我价值和长期目标一致。

（二）制订短期目标的注意事项

短期目标是一种特殊工具，能将长期目标具体化、现实化、可操作化，它是结果和行动之间的桥梁。

（1）目标必须具体，生涯目标必须清晰、明白、确定，可产生行动导向。

（2）目标必须可以衡量，可以用标量化表达，如出勤的次数、成绩的分数、活动的结果。

（3）目标必须适度：一是目标应在能力范围内，如果常常达不到，会让人沮丧；二是目标要有一定的挑战性，必须是经过一定努力才能实现的，而不是轻轻松松就实现的。

（4）目标必须切合实际，制订时要以事实为依据，考虑企业内外环境，而不能闭门造车。

（5）目标必须具有明确的时限，包括何时实施、何时完成，都应做时间和时序上的合理安排，以便对整体进度进行监督。

职业生涯目标的设定

无论是没有工作经验的大学毕业生，还是经验丰富的职场中人，大家都应该意识到一点，没有人能够保证自己被同一家企业终生雇用。因此，员工应该意识到自己不仅要为公司完成任务，还要在工作中打造个人的核心能力。这就是人力资源管理中所说的外职业生涯和内职业生涯。

在外职业生涯中，员工的职位升迁按照公司的梯阶进行，如从副部长到部长，再到副总经理，一直向上晋升。要注意的是，公司一旦发生变化，这条晋升道路也会随之消失。在内职业生涯中，员工需要自我提高的能力包括沟通能力、分析能力和规划能力。公司发生变化时，只会剥夺员工的外职业生涯，不会影响内职业生涯。在职业生涯发展过程中，由于人们在不同发展阶段对内、外职业生涯关注的侧重点不同，对“什么是最好的工作”的认知往往也不同。一般来说，在职业生涯早期，对自己锻炼最大的工作是最好的工作，也是使自己的内职业生涯收获最大的工作，可为自己的职业生涯奠定坚实的基础；在职业生涯中期，收入最多的工作是最好的工作，也是外职业生涯的资本积累过程，个人有足够的经济条件孝顺父母、抚育子女、过上小康生活；在职业生涯后期，实现最大人生价值的工作是最好的工作，也意味着职业生涯最高目标的实现和个人最高目标的实现。

随着市场经济的发展，人才竞争日益激烈。学历、曾经的成绩、实习经历等都是外职业生涯的内容，但内职业生涯才是衡量人才的根本依据。一个关注自身内职业生涯目标实现的人更受公司管理人员青睐，因为这样的员工更具有发展潜力和培养价值。

只有更加关注内职业生涯目标，才能实现个人的可持续发展，保持事业常青。当一个人意识到为自己打工并不是自己需要开公司或者独立运作一件事情，而是自己的工作热情和努力程度不为工资待遇不高、领导评价不公而减少时，就真正开始为自己打工了，这也是职业生涯的最高境界。

四、职业生涯目标的实施策略

制订职业生涯目标相对比较容易，但是想让职业生涯目标变为现实是比较难的。个人只有围绕职业生涯目标制订行动计划，善用周围的支持资源，自觉管理自己的行动过程并且积极应对环境变化，才有可能实现职业生涯目标。

（一）制订行动计划

行动计划的制订要围绕职业生涯目标进行，制订出年度计划、月计划、周计划、日计划等。要做到短期计划与长期目标相互配合、相互衔接，并留有一定的弹性。编制日计划可以按照以下步骤进行。

1. 分配任务

每天晚上结束一天任务后梳理第二天要做的事情并分为一项项任务。

2. 估算任务完成所需的时间

个人根据自身完成情况估算每项任务完成的时间。注意任务完成的时间要具有现实性，并留有一定空间。

3. 学会取舍

个人根据轻重缓急安排事项，将重要的事情着重标出并花时间完成，为自己赢得成就感和安全感。

4. 检验实施效果

目标要通过实施效果来检验，目标实现了才有意义。因此，每天任务结束后要简单回顾当天所做的任务，检查自己完成了哪些任务，将没完成的任务放入下一日计划中。

日计划可以衍生出周计划、月计划、季度计划等。除了想方设法完成计划外，个人还应当反思未完成计划的原因，从而进行计划调整。

（二）善用支持资源

1. 识别支持资源

在生涯发展中，支持资源的价值非常大。有研究表明，善于利用支持资源的人在生涯发展遇到困难时更容易坚持，也更有自信。常见的职业生涯支持资源有：人际关系，如亲人、朋友、老师、同学等；机构，如学校内外部的各类社团组织、实习单位等；平台，如学校各类课程资源、学校信息平台、社会各类信息平台等。那么，支持资源能发挥什么作用呢？

（1）信息支持。例如，人际关系可以为自己提供所熟悉的信息，各类机构、组织的活动可以为自己扩展获取信息的渠道，各类课程、网络平台可以直接为自己提供大量信息。

（2）物质支持。我们可以从父母哪里获取学习费用、生活费用；可以通过学校资助系统获得物质支持；还可以通过各类机构、网络平台提供的兼职实习机会赚取物质支持。

（3）建议支持。在需要职业生涯建议的时候，父母、老师、亲朋好友都可以是建议支持的来源，学校还有专业的生涯咨询师、心理咨询师提供专业帮助；各种机构、网络平台也可以为自己在遇到类似问题时提供处理经验。

（4）情感支持。在遇到挫折时，我们可以从父母、亲友、老师、同学那里获得鼓励、

安慰和支持；还可以通过各种机构、网络平台获取别人处理挫折的成功经历。

2. 觉察自己使用支持资源的优势与不足

我们要思考自己是否主动去争取获得相关的支持资源。例如，家人、亲戚常常会对大学生今后的工作打算提出建议，但有些大学生却认为他们思想落伍，不喜欢他们过于干涉自己的生活，因此，不愿意接受父母的建议。但他们毕竟有一定的生活和工作经历，也是最了解关心自己的人，良好的沟通有时能获得不错的职业发展建议，从而助力其职业目标的实现。又如，网络信息能为人们的生活、工作带来很大便利，但有些大学生因缺乏信息甄别能力，很容易沦为信息的奴隶等，因此，对于网络信息的挑战，大学生必须提高自己的思考和判断能力。

3. 主动建立支持系统

充分利用支持资源，是加强外部环境认知，能为择业、求职等关键决策，以及给自己增加职业体验机会、减低职业实践成本，抑或在减压、缓解消极情绪、战胜挫折和精力管理方面提供支持力量。大学生要有意识地去结交朋友，信任他人、支持他人，多参与社会实践交流，完善职业认知，触及更多职业机构平台，用真诚、努力、上进等优秀表现吸引别人的支持与合作。

4. 自我激励与自我管理

自我激励与自我管理的能力对职业生涯计划的执行非常重要。具备自我激励能力的人可以规划出美好的愿景来鼓舞自己，可以随时随地强化自己的行为，在遇到挫折时为自己鼓劲儿。具备自我管理能力的人可以约束自己的行为，让自己从分心状态及时回归，不被无关的事务干扰，并且能管理自己的懒惰逃避心理。

第二节 制订职业生涯规划的依据、原则和步骤

职业生涯规划是实施就业、创业教育的一个重要载体。对大学生而言，能否了解自己、规划自己，进一步发掘自身特长对职业发展极其重要，可以说，职业生涯规划就是职业成功的起点。由于每个人的个性特征、文化背景、价值观、能力、知识等均不相同，所以不同人的职业生涯规划也必然不同。但是，这并不意味着大学生职业生涯规划没有规则；相反，职业生涯规划必须结合目标分类，遵循一定的原则和步骤设计、制订及实施。

一、制订职业生涯规划的基本依据

个人经历的不同、家庭背景与社会背景的不同、性格差异等造就了形形色色的个体，而寻找适合自己的工作就是职业生涯设计的依据。职业生涯设计是为了解决自身要求、能力在未来与社会环境匹配的问题。因此，要想做好职业生涯规划，就需要做到以下几方面。

（一）了解自己，科学地评价自我

大学生应对职业自我进行充分的认识分析，从而保证在进行职业生涯设计时能够择己所爱、择己所长，在自己喜欢又擅长的方面进行职业发展。对自己评价过高、过低，都会让自己在职业生涯发展中留有遗憾。大学生要根据社会需要，结合自己所学专业、学习成绩和特长选择职业，不要一味地选择那些经济效益好、社会竞争激烈的热门行业，关键是看自己能干什么、单位需要什么样的人才，找到最能发挥自己特长、实现自我价值的位置。

（二）了解职业，科学地探索职业

大学生要科学地探索职业，把个人追求与社会发展有机结合，了解个人比较喜欢又擅长的方向有哪些职业可供选择，有哪些职业具有优势和竞争力或具有良好的发展潜力；要在有竞争优势或有较大把握形成竞争优势的方向发展职业。

（三）了解社会的发展趋势，科学地定位职业发展前景

科学地定位职业发展是指定期将个人的职业发展放在社会发展的大环境中评估分析，确保职业处在良好的状态中。个人和职业都是在社会大环境中生存、发展，不断变化着的。保证做好眼前的事是应该的，但却是不够的。个人必须根据社会发展的大趋势，不断充实自己，调整自己，对职业的新变化、新要求有所了解，有所准备，有所适应。

制订职业生涯规划的过程就是个体探索自我、科学决策、统筹规划的过程。恰当的职业生涯规划能使一个人走向成功，不恰当的职业生涯规划会让人误入歧途。为了正确制订职业生涯规划，个人还必须遵循一些原则和方法，选择恰当的策略。

二、制订职业生涯规划的原则

一份好的职业生涯规划，既要考虑到自身因素，又要考虑到外部环境因素；既要目标远大，又不能好高骛远；既要具备职业生涯规划的基本要求，又要充分体现大学阶段的特征。所以，大学生要制订出科学的职业生涯规划，就应遵循一定的原则，体现出职业生涯本身的特点。

（一）独特性

独特性即差异性。每个人的个性，水平都不同，每个人都是社会上独立的个体，职业生涯规划也是基于自身的条件制订的，因此不能随大流。

（二）可行性

在制订目标和措施时，一定要充分考虑到个人、社会和组织环境的特点与实际需求，不做不切实际的幻想。

（三）一致性

要想实现职业生涯目标，就需要对整个职业生涯目标进行分解，制订每一时期的阶段性目标以及计划完成的时间和具体实施措施。其主要体现在各个阶段性目标要与总目标一致，阶段性目标要服从和服务于总目标，所采取的措施也要与目标保持一致，为目标服务；个体目标要与组织目标协调一致，相辅相成，各个阶段性目标与措施要相互衔接，不能相互割裂开来。

（四）社会性

在制订职业生涯规划时，一定要考虑社会条件。时代在不断发展变化，职业提出了新的要求，也出现了很多新兴的职业，所以我们在制订自己的职业生涯规划时，一定要分析社会需求，择世所需。

（五）发展性

在制定和采取职业生涯规划的实施措施时，要充分考虑发展性因素，如目标或措施是否能依环境及组织、个体的变化做调整，最终促进职业生涯目标的实现。

三、制订职业生涯规划的步骤

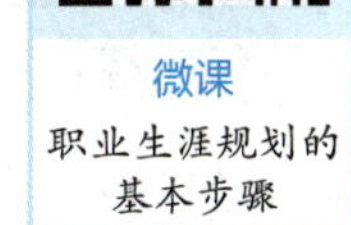

微课
职业生涯规划的基本步骤

在制订职业生涯规划时，我们要从社会现实和自己的实际情况出发，主动地把现实与理想结合起来，既不好高骛远，又不妄自菲薄。要脚踏实地、充满自信地面向未来，制订出人生最可行、最有价值的职业生涯规划。

制订职业生涯规划的基本步骤主要有以下六个。

（一）客观认识自我，寻找职业发展方向

认识自我是制订职业生涯规划的第一步。认识自己，既要考虑职业需求，又要考虑自己的个性特长，还要认识到职业岗位与自己的关系。大学生要充分了解自己的职业兴趣、

能力结构、职业价值观、行为风格、自己的优势与劣势等。只有正确地认识自己，才能进行准确的职业定位，对自己的职业发展目标做出正确的选择，才能选定适合自己发展的职业生涯路线。

在客观认识自我方面，我们至少需要解决以下几个问题：

（1）我喜欢什么？我的职业兴趣是什么？

（2）我能够做什么？我有什么职业技能？

（3）我适合做什么？我的个人特质是什么？

（4）我最看重什么？我的职业价值观如何？

正确认识自我越来越受到社会各界的关注，如今很多用人单位在招聘员工时，都要求求职者进行简单的自我剖析，说明自己的优缺点，列举个人的兴趣爱好，等等。

另外，在现有的认识基础上，个人还要对自己通过努力而产生变化的趋势进行分析和预测。预计可能发生的变化以及变化可能达到的程度，既是确定职业生涯目标的重要依据，也是制定实现目标的具体措施和安排的基础。要相信自己，知识不足可以通过勤奋学习来补充；技能较差可以通过刻苦训练来提高；个性有弱点可以通过努力来调适。

客观认识自我的目的是找准优势、找出差距，只有这样，才能让自己在以后的职业生涯中更好地扬长避短，走好每一步。在自我评估中，要充分利用各种科学测评手段（如价值观量表、职业兴趣量表、人格量表等），结合在校学习、考试情况，老师、同学、亲朋好友的评价以及自我判断。需要注意的是，自我评估要客观、冷静，不能以点代面，既要看到自己的优点，又要直面自己的缺点，只有这样，才能避免职业生涯目标选择的盲目性，达到人职高度匹配。

（二）评估职业生涯环境

职业生涯环境的评估主要是评估各种环境因素。每个人都处在一定的环境之中，离开了这个环境，便无法生存与成长。所以，在制订个人的职业生涯规划时，要充分认识与了解相关的环境，评估环境因素对自己职业生涯发展的影响，分析环境条件的特点和发展变化情况、自己与环境的关系、自己在这个环境中的地位、环境对自己提出的要求及对自己有利的与不利的条件，把握环境因素的优势与限制，了解本专业、本行业的地位、形势及发展趋势等。个人只有对这些环境因素有了充分的了解，才能做到在复杂的环境中避害趋利，使职业生涯规划具有实际意义。

此外，家庭环境是个人在制订职业生涯规划时必须考虑的一个重要因素。家庭的经济条件、社会关系、成员的健康状况及以后的发展趋势等，均与职业生涯发展有关。例如，经济条件差的，可优先考虑就业，而不是再深造，而且所选职业最好是风险小、较稳定的职业。另外，家庭状况不是一成不变的，它也是个人在制订职业生涯规划时应考虑的变化因素。

（三）进行目标定位

目标定位是指在对个人及环境进行分析的基础上确定自己的发展目标。目标定位实际上就是人们所说的职业生涯决策。我们时常需要为自己的生活和发展做出决策［如应该专注学习多一些还是应该参加社会实践多一些？毕业后是进修（如专升本）还是直接就业？等等］。在对这些进行抉择时，我们通常会有一些困惑。该如何做决定呢？答案是根据自身特点和所处环境做出适合自己的决策。

一个人要想拥有成功快乐的一生，就需要有明确的目标、清晰的方向，做出有效的行动。所以，在制订职业生涯规划时确定职业生涯目标非常关键，这也是职业生涯规划中最重要的一点。

值得注意的是，大学生在设定职业生涯目标时不能仅凭个人的美好愿望和想象，而应根据现实环境和自身的条件来确定切实可行的职业生涯目标，然后以此为动力，积极排除各种干扰，努力保证职业生涯规划的实现。大学生进入社会时所的选职业正确与否直接关系到下一阶段的职业长期发展问题。这就要求大学生要了解社会的大环境，遵循社会发展的客观规律，在对自己有了全面认知的同时，也要根据社会对人才的要求塑造自己。只有这样，才能使自己在竞争中处于不败之地。

（四）选择职业生涯发展路线

每个人的现实状况与理想目标之间都存在多种可供选择的路径，可以选择不同的行业，选定了行业还可以选择不同的企业，选定了企业还能选择不同的职位起点，等等。在选择好了职业生涯路线之后，还需要在路线上设置一些节点——阶段性的子目标，这些子目标的设立既是对自己前期工作成绩的肯定，也是对自己下一阶段工作的督促。

事实证明，任何人都不能完全复制别人的成功之道，都有适合自己发展的路径。职业生涯发展必须靠个体不断地尝试和探索，而职业生涯路线的选定可为个体职业生涯发展提供可行性意见和参考依据，引导个体进行职业探索，缩短探索时间。

（五）确定行动计划并实施

在确定了大学生职业生涯目标后，行动便成了关键的环节。没有达成目标的行动，目标就难以实现，也就谈不上事业的成功。这里所指的行动，是落实目标的具体措施，主要包括学习、见习、实习、社会实践、培训等方面的措施。例如，为达成目标，在社会工作方面采取什么措施提高工作效率，在专业学习方面计划学习哪些知识、掌握哪些技能提高专业能力，在潜能开发方面采取什么措施开发潜能等，都要有具体的计划与明确的措施，并且这些计划要特别具体，以便定时检查。所以，确定职业生涯目标后，要有具体的行为措施来保证实施。没有行动，职业生涯目标只能是一种梦想。

（六）评估反馈与调整

俗话说，计划赶不上变化。影响职业生涯规划的因素有很多，有的因素是可以预测的，而有的因素则难以预测。因此，要使自己的职业生涯规划行之有效，就需要对职业生涯规划进行评估和反馈，进而对其进行调整与修改。实际上，评估与反馈的过程既是个人对自我与社会的认识不断深化的过程，也是职业生涯规划真正发挥作用的有效方式。对职业生涯规划的评估与反馈主要包括对职业的重新选择、对职业生涯路线的重新选择、对职业生涯目标的修正、对实施措施与计划的变更等。

那么，对职业生涯的规划进行评估，认定职业生涯成功的标准就非常重要，我们要对职业生涯成功与否进行全面评价，从而确定如何修改自己的职业生涯规划，使职业生涯规划得以真正实现。

四、职业生涯规划实施过程中常见的问题

（一）规划理想化，可操作性不强

部分大学生为自己制订了一些不太切合实际的目标。虽然他们制订了职业生涯规划，但是职业生涯规划过于理想化、可操作性经不起推敲。在他们真正到用人单位工作后，理想和现实的巨大落差会让他们产生怀才不遇的失落感、挫败感，甚至一蹶不振，变得消极颓废。大学生在制订职业生涯规划的时候，不能凭空想象，而应多方思考，多查阅相关资料，多请教有经验的人士，真正做到知己知彼，方可进行抉择。

（二）重理论学习，轻实践经验

大多数大学生特别注重理论学习，认为只要自己理论知识学得好，升职就是必然的，忽视了与职业相关的社会实践和经验的积累。事实上，实践经验对个人的职业生涯影响巨大，掌握理论知识只是对个人工作能力的基本要求。当前，很多企业在招聘的时候，不仅看求职者有多少证书，还看求职者是否具有所应聘职位的工作经验。

大学生应该积极参加活动

1.社团活动

大学是一个“准社会”，社团为我们提供了一个良好的实践平台。大学生应参加几个学术类的实践团体，或自己创建一个组织，在活动的策划、组织、参与过程中，不断提高自己的领导能力、织协调能力和社会交际能力，培养自己的团队合作能力。

2.文化娱乐活动

大学生应充分利用课余时间参加一些有益身心健康的文娱活动，培养自己的兴趣和爱好，增添生活情趣，使生活充实丰富。此外，大学生还可利用学校图书馆、互联网等资源广泛阅读各类报刊书籍，特别是英文原著、学术期刊，聆听各种讲座、报告，以把握时代脉搏，了解学术前沿，博观约取、专博相济，拓宽知识面，优化知识结构，增长智慧，提高自身素养。

3.竞赛活动

大学生应刻苦训练，开发潜能，积极参加各种竞赛，如专业技能竞赛、英语演讲、创业设计大赛等，通过参加大赛展现实力，挖掘潜能，提高自信心，增强创造力和表达力。

4.体育活动

强健的体魄是成功的基石，体育锻炼和体育活动是大学的必修课。大学生应坚持每天锻炼身体，如跑步、骑车等基本运动和打乒乓球、踢足球等课外活动，放松心情，增强体质，促进身心健康。

（三）重视职业短期目标，忽视职业长期目标，盲目跳槽

有的人在制订职业生涯目标的时候，没有按照短期目标、中期目标和长期目标的顺序确定努力的方向。有的人对自己的期望值过高，总想将短期利益最大化。他们常常会因为高的薪水、更好的条件或者其他原因频频跳槽，认为自己要趁年轻多闯一闯，做出一番大事业来。这种现象是急功近利、急于求成的心态造成的。他们总是希望能够立竿见影，最好马上就完成自己事业的终极目标，但常常事与愿违，最终与最初制订的职业生涯目标南辕北辙。

拓展阅读

跳槽的误区

误区一：薪金至上的追求。跳槽者在跳槽时必须走出金钱至上的误区，要更关注跳槽后原先的工作经验是否得到了延续和增加、是否有利于整个职业生涯的发展。

误区二：热门行业的诱惑。一些人跳槽时只认准热门行业，而不考虑自己的兴趣和专业背景，这往往导致失败，最终得不偿失。个人进入一个热门行业并不是成功的关键，适合自己的行业才是最好的选择。

误区三：不了解新公司环境是否有利于发展。跳槽者在跳槽之前应充分认识到个体与环境之间的互动关系。个人应努力适应公司的环境，如果无法适应公司环境，那么跳槽者就应该重新考虑公司是否适合自己整体职业生涯的发展了。

这些问题充分反映出一些人在跳槽时的盲目性。个人的职业生涯规划是必不可少的，只有明白自己以往的职业特点、目前的职业定位和未来的职业方向，才能确定适合跳槽的时机，把握跳槽带来的机遇，更好地促进职业发展。

（四）对职业生涯的几个不同阶段认识不明确

虽然有些人制订了职业生涯规划，但不清楚自己所处的职业生涯阶段，不知道自己现在想做什么、能做什么、应该做什么，结果在工作时很迷茫。一般来说，职业生涯可以分为四个发展阶段，即职业生涯预备期、职业生涯初期、职业生涯中期和职业生涯后期。个人只有在明确了自己职业生涯的阶段及在每个阶段的不同任务和目标以后，才能避免失去对现有工作的兴趣，才能有的放矢。将职业生涯科学地划分为不同的阶段，明确每个阶段的特征和任务，做好规划，对更好地从事自己的职业、实现人生目标非常重要。

第三节 撰写职业生涯规划书

行动是职业生涯规划中最艰难的步骤，也是关键的环节，主要包括每日、每周、每月、每学期、每学年具体实施生涯规划方案的有效行动步骤，它需要个人全力以赴，不断克服各种困难与障碍以及落实各阶段目标的具体措施，因此，学会撰写职业生涯规划书非常重要。

一、职业生涯规划书

职业生涯规划书是付诸文字的职业生涯规划过程。职业生涯规划书可以设计和陈述自

己对未来的规划，还可以阶段性成果的形式将自己的职业生涯发展的过程呈现出来，为其下一步发展指明方向。

二、职业生涯规划书的写作步骤

职业生涯规划书的格式一般有条例式、表格式、复合式和文本式（阐述式）等。我们这里主要讲解表格式和文本式两种格式。

（一）表格式

表格式职业生涯规划书主要包括三大部分内容，即规划者的基本信息、规划内容和备注栏。这种规划书其实是不完整的职业生涯规划书，只相当于一份完整的职业生涯规划书的计划行动表。通常，大学生在撰写自己的职业生涯规划书时不采用这种类型，但可以把这种表格式的规划书作为日常警示使用。个人职业生涯规划书如表 5-1 所示。

表 5 1　个人职业生涯规划书

<table>
<tr><td>姓名</td><td></td><td>性别</td><td></td><td>年龄</td><td></td></tr>
<tr><td>学历</td><td></td><td>专业</td><td></td><td>政治面貌</td><td></td></tr>
<tr><td>个人特长</td><td colspan="2"></td><td>职业选择</td><td colspan="2"></td></tr>
<tr><td rowspan="6">个人经历</td><td>主要教育经历</td><td colspan="4"></td></tr>
<tr><td>主要工作经历</td><td colspan="4"></td></tr>
<tr><td>主要培训经历</td><td colspan="4"></td></tr>
<tr><td>经济环境</td><td colspan="4"></td></tr>
<tr><td>社会环境</td><td colspan="4"></td></tr>
<tr><td>职业发展环境</td><td colspan="4"></td></tr>
<tr><td rowspan="4">职业生涯目标</td><td>人生目标</td><td colspan="4"></td></tr>
<tr><td>短期目标</td><td colspan="4"></td></tr>
<tr><td>中期目标</td><td colspan="4"></td></tr>
<tr><td>长期目标</td><td colspan="4"></td></tr>
<tr><td rowspan="4">计划与实施</td><td>人生目标</td><td colspan="4"></td></tr>
<tr><td>短期目标</td><td colspan="4"></td></tr>
<tr><td>中期目标</td><td colspan="4"></td></tr>
<tr><td>长期目标</td><td colspan="4"></td></tr>
<tr><td>评估与调整方案</td><td colspan="5"></td></tr>
<tr><td colspan="6">备注：</td></tr>
<tr><td colspan="4">职业生涯规划制订人：</td><td colspan="2">制订时间：</td></tr>
</table>

（二）文本式

1. 扉页

扉页包括题目、姓名、基本情况介绍、规划年限、年龄跨度、起止时间。其中，规划年限不分长短，可以是半年、3 年、5 年，甚至是 20 年，具体根据个人的情况而定。建议大学生的职业生涯规划年限为 3 ～ 5 年。

2. 自我分析

一份有效的职业生涯规划必定是在充分且正确认识自身条件的基础上进行的。职业生涯规划书可包括以下内容：职业倾向分析、职业价值观分析、性格分析、能力分析、个人成就案例、自我分析总结。撰写“自我分析”部分时应注意以下几方面：

（1）理论、模型运用要正确、合理。

（2）自我分析需将自我特点与职业环境相联系。在职业生涯规划中，分析自我的目的是进行初步的职业定位，而不是为分析自我而分析，要关注自我与职业环境两者的联系。

（3）要将测评的量化分析与自我的质化分析结合起来。对个人来说，测评只是一种外源性的参考，而非决定性因素，重要的是用生活中的事件与经历来证明自己有某方面的特征。例如，对于自己根据霍兰德职业兴趣测评测出的职业兴趣，如果只是在职业生涯规划书中罗列出来，意义并不大。

（4）自我分析时可以适当考虑他人的评价内容，如同学、朋友、师长的评价。

（5）自我分析不是一两次心理测评就可以解决的事情，而是需要贯穿整个职业生涯。

3. 环境分析

在撰写职业生涯规划书时，我们还要充分认识与了解相关的环境，评估环境因素对自己职业生涯发展的影响，分析环境条件的特点和发展变化情况，把握环境因素的优势与限制，了解本专业、本行业的地位、形势及发展趋势。职业生涯规划书可包含以下内容：社会环境分析、学校环境分析、家庭环境分析、行业环境分析、组织环境的分析、职业分析、岗位分析、环境分析结论。撰写“环境分析”部分时，可以从以下几方面分析：

（1）社会环境分析，社会环境分析主要分析就业形势、就业政策、竞争对手等。

（2）学校环境分析。学校环境分析主要分析学校特色、专业学习、实践经验等。即便是在同一学校的同一专业，个体不同，职业定位也会有所不同。另外，对学校环境的分析，既要考虑到学校环境对个体成长的影响，又要意识到如何利用学校现有资源，为自己所用。

（3）家庭环境分析。家庭环境分析包括分析自己的家庭经济状况、家人职业、家庭社会关系网、家人期望等。

（4）职业环境分析，职业环境的分析要遵循从宏观到微观的渐进性，从行业、职业到单位、岗位等。宏观环境为小环境提供了发展背景；而对于职业的探索，只有具体到较微观的部分，如某个岗位、某个专业方向，才是有效的、有导向性的。

需要强调的是，所有这些环境分析，都要与自己的职业生涯发展相联系，而不能仅依赖客观分析。

4. 职业定位

职业定位是指为职业生涯目标与自己的潜能以及主客观条件谋求最佳匹配。良好的职业定位是以自身的最佳才能、最优性格、最大兴趣、最有利的环境等信息为依据的。

5. 职业生涯规划行动计划

在制订职业生涯规划时必须有行动计划来保证。职业生涯规划的行动计划主要包括：长期、中期、短期职业生涯计划，各阶段计划的分目标、计划内容（专业学习、职业技能、职业素养等）、计划实施策略，等等。

在制订职业生涯规划行动计划时，我们应以职业生涯目标为准绳，根据目标需求确定行动策略。在制定行动策略时，应将目标分解为可操作性强的措施，平衡各个目标，使各个目标协调发展。行动策略与行动计划要清晰、明了、准确。

拓展阅读

职业生涯规划书模板

一、扉页

扉页上写文章标题、班级、姓名、学号等内容。

二、正文

（1）前言（100 字左右）。

（2）自我认知（800 ~ 1 000 字）。

①我是谁？（兴趣、性格、素质；过去的你、现在的你、将来的你）

②我想要什么样的人生？（你的价值取向——你认为人生中什么是最有意义的，你想过什么样的生活）

③我能干什么？（你的能力、特长及以前获得的奖项）

④我的家庭。（对你的习惯、性格、素质的影响，对你物质方面的支持等）

⑤我的学校。（师资力量）

⑥我的专业。（专业和发展前景介绍）

⑦我所生活的环境。（家庭、学校、城市等）

（3）职业认知（800 ~ 1 000 字）。

①社会因素。社会因素包括国家政策、就业形势、人才需求与分布等。

②行业因素。行业因素包括现状、前景、行业标准、品牌等。

③企业因素。企业因素包括企业文化、用人标准、福利待遇、企业前景等。

④学校因素。学校因素包括专业技能、通用技能、职业素养以及有哪些黄金能力等。

⑤家庭因素。家庭因素包括提供的职业资源等。

（4）确定目标。

根据自身情况确定目标、职业生涯决策。

① SWOT 分析法。

②决策平衡单。

（5）构建发展阶梯。

制订近期目标、中期目标、远期目标。（可以用图表的形式展示）

（6）制定发展措施（300 ~ 500 字）。

落实近期、中期、远期目标的具体措施。

（7）评估、反馈与修正（300 ~ 500 字）。

（8）总结语（50 ~ 100 字）。

（9）明确最后确定的目标。

第四节 职业生涯规划的评估与调整

在追寻职业理想的道路上，我们不能只顾埋头赶路，还要及时审视自我，环顾四周，遥望前路。为此，我们需要尊重自我内心需求，管理和调整好自己的职业生涯规划，这就是评估与反馈。

一、职业生涯规划的评估

（一）职业生涯规划评估的内容

1. 职业生涯目标评估

职业生涯目标是职业生涯规划成功与否的关键因素。在实际工作中，有的人会发现自己当初对职业生涯目标的认知有偏差，甚至发现最初选择的职业方向是错误的；有的人会发现由于自身条件发生变化，原先的职业生涯目标与现在的职业发展不相符等，这时就需要反思和评估当初的职业生涯目标是否需要调整，是否需要重新选择职业。

2. 职业生涯发展路线评估

在职业确定后，我们就要决定是向行政管理路线发展还是向专业技术路线发展，或是先走技术路线再转向行政管理路线等。职业生涯发展路线不同，对职业发展的要求也不相同。当出现更适合自身发展和职业生涯发展的机会或选择，原定发展方向缺少发展前景的时候，可以通过评估，尝试调整职业生涯发展方向。

3. 职业生涯规划实施策略评估

有时候职业生涯发展不顺利并不是因为职业方向错误或者职业生涯目标有问题，真正的原因可能是自己根据职业生涯目标所制定的策略和措施不合适。当个人的职业生涯发展不顺利时，如果不是职业生涯目标上的问题，我们就要考虑是不是制定的策略和措施不当，必要时进行及时修正。

4. 行为和心理评估

当职业生涯发展不顺利时，如果不是职业生涯目标选择偏差，也不是制定的策略和措施不当，我们就要考虑是不是自己的心理和行为方面的原因。我们要学会调整自己的心理状态，适应内外环境和自身条件的改变，为了目标，坚定不移地走下去。

（二）职业生涯规划评估的方法

1. 反思法

反思法用于对职业生涯规划实践的回顾，包括职业生涯规划中学习时间安排的合理性，学习中的收获、体会，以及存在的问题等。

2. 调查法

在职业生涯规划的每个近期目标实现后，我们就需要对下一步的主客观环境、条件做调查分析，如条件是否在变化、哪些条件变好、哪些条件变坏、总体情况如何等，之后根据变化了的情况修改下一步拟订的计划。

3. 对比法

在修改、制订职业生涯规划时，我们应多比、多思、多学，吸收别人科学的方法。分析别人的职业生涯规划有助于完善自己的职业生涯规划。

4. 求教法

大学生应把职业生涯规划、追求告诉朋友、知己，让他们监督自己。自我反思往往十分困难，但别人能从旁观者角度清楚地看到自己的弱点，虚心、主动、积极、经常地征求别人对自己计划的看法及修改意见，往往会受益匪浅。

（三）职业生涯规划评估的要点

职业生涯规划评估可以参照各类短期、中期预定目标和实际结果比照而行。一般来说，任何形式的评估都可以归结为自我素质和行为对现实环境的适应性判断，分析自己的现状，特别是针对变化的环境找出偏差所在并修正。

1. 抓住最重要的内容

职业生涯规划评估不必面面俱到，可抓住一两个关键的目标和最主要的策略方案进行追踪。在职业生涯的某一阶段（一两年内或者三五年内）总有一个最重要的目标，重点评估那些可能影响达成这个核心目标的主要策略执行的效果即可。

2. 分离出最新的需求

针对变化了的内外环境，大学生要善于发掘最新的趋势和影响。俗话说，“跟上形势”，对于新的变化和需求，重点是找出最有效而且最有新意的策略。

3. 找到突破方向

有时候，在某一点上取得突破性的进展将使整个局面发生意想不到的改变。我们要在职业生涯规划中的策略方案中找出对目标达成有突破性影响的策略，并检验目标是否达成；若未达成，则找出原因，寻求新的突破策略。

4. 关注最弱点

管理学中有个著名的“木桶理论”，即一只沿口不齐的木桶，其容量的大小不取决于最长的那块木板，而取决于最短的那块木板。在反馈评估过程中，不仅要肯定自己取得的成绩与长处，还要切合变化的环境，发现自己的素质与策略的“短木板”，想办法修正或换掉，或者接补增长，唯有如此，你的职业生涯目标才能更高。

一般来说，你的短板可能存在于以下几方面：

（1）观念差距。观念陈旧往往会造成策略的失误，导致行动失效。

（2）知识差距。按照实施策略所积累的知识仍然不够或是学错方向。

（3）能力差距。环境在变化，对人的能力的要求也是在不断变化的。

（4）心理素质差距。很多时候，我们没有取得预期的进步，并不是规划得不够好，或者措施不够得当，而是心理素质不够强。

二、职业生涯规划的调整

大学生职业生涯规划一次性成功的并不多，主要原因是受个体的年龄、经历、人格成熟程度等因素的制约，对职业的判断缺乏全面、客观的分析和预测。我们在生涯规划执行过程中，对社会、组织环境和自己有了更清晰的认识与了解后，就会发现当初所选择的职业、设计的职业生涯发展路径、采取的行动计划存在着各种问题。发现问题是调整职业生涯规划的基础，调整并不是放弃，而是与时俱进。

（一）职业生涯规划调整的目标与原则

1. 调整的目标

我们的职业生涯发展规划总是在执行中调整，在调整中完善。调整能让我们更好地把握职业发展的机会，促进个人素质提升和潜能挖掘，体现个人价值，为社会做出应有的贡献。在职业发展的各个阶段，我们都要审视内在环境和外在环境的变化，对自己的职业生涯发展及规划做出相应的调整。

职业生涯规划不是将职业生涯目标定得越高越好，而应切合实际，是可行的。可以按计划一步步完成的规划才是最好的职业生涯规划。

2. 调整的原则

（1）清晰性原则。调整后的目标、措施应清晰明确；实现目标的路径及各阶段的时间安排应具体可行；实施的步骤应直截了当。

（2）变动性原则。做调整时必须考虑到自己的特质、社会环境、组织环境及其他相关的因素，清楚哪些因素可能带来变化，目标或措施是否有弹性或缓冲性以及是否能依据社会、环境的变化而调整。

（3）一致性原则。从主要目标与分目标、目标与措施、个人目标与组织发展目标、职业生涯目标与行业发展等方面考虑它们之间的一致性。

（4）激励性原则。目标要具有挑战性，符合自己的性格、兴趣和特长，能对自己产生内在激励作用。

（5）可评量原则。调整方案的设计应有明确的时间限制或标准，易评估、检查，使自己随时掌握执行状况，并为下一次调整提供参考依据。

（二）职业生涯规划调整的方法

1. 重新剖析自我

重新剖析自我即加深对自己的认识，检验自己的职业素质是否适合所选择的职业，弄清楚“我能做什么”，在此基础上选择更适合自己的方向。

2. 重新进行职业选择

人的一生充满了选择，就职业选择而言，往往不是一次选择就能完成的。大学生职业生涯目标的设定要结合自身因素、环境因素和职业因素，基于个人兴趣、价值观和专业技能确定将来所从事的职业，但受各种原因影响，常出现职业选择错误的情况。例如，个体从事某种职业一段时间后，可能会发现所从事的工作难以发挥自己的特长，难以培养起职业兴趣，或者感到工作非常吃力，难以胜任。这时候，个体就要根据自身的能力和周围的环境，对职业生涯机会进行重新评估，并根据新评估结果重新选择职业，避免做更多的无用功。

对于重新选择职业，我们一定要慎之又慎，因为这意味着自己原来的努力大多白白浪费了。因此，大学毕业生在重新选择职业时要做到以下几点：

（1）要客观、全面地考虑自己的处境，不可以感情用事。

（2）要重新审视自己，审视自己所从事的工作与自身的能力、兴趣、个性、价值观念等是否存在不可调和的矛盾。

（3）要选准新职业生涯目标，做好重新选择的善后工作。

3. 修正职业生涯目标

从某种意义上讲，职业生涯规划的实施过程就是缩短现有能力水平与预期目标差距的过程。职业生涯目标设定后，有时会因为个人自身能力的改变和周围环境的变化而无法达到预期目标的效果。当职业生涯目标或者个人自身因素发生变化时，就要根据变化了的形势调整个人目标。

我们进行职业生涯目标修正时，应该注意以下几方面：

（1）修正职业生涯目标不宜过于频繁，应以实际需求为基础，根据外部环境和自身情况决定是否需要修正。

（2）在具体操作时，应在前期规划实施效果评估的基础上，充分考虑影响职业发展的各种因素，制订符合自身实际的修正方案。

（3）职业生涯目标的修正可以作为下一轮职业生涯规划修正的参考依据。

4. 修订行动计划

任何职业生涯目标的完成都是逐步优化、完善的过程。在规划实施的过程中，当工作的实际成效不理想或者与预定目标存在较大的差距时，我们应重新审视自己的实施措施是否恰当。有时候是后续阶段的计划要根据前期阶段的工作成果才能进一步安排，难以把一段时期以后的计划做得非常具体。所以，在制订行动计划时，大多人会在总体规划框架下分阶段地制订具体计划。这样，在规划整个职业生涯的过程中，每一阶段计划的细化，其实也是对整个规划所做的变更。变更方案既能避免在规划职业生涯初期信息不充分的情况下制订无谓的远期详细计划，又能在职业生涯目标实现过程中根据个人实际的进展情况及时制订出可行的详细计划。

（三）职业生涯规划调整的策略

1. 尽量不动目标

成功的人可以无数次修改方法，但绝不放弃目标；不成功的人总是改变目标，却不改变方法。职业生涯调整首先考虑的是修正计划，而不修正目标。如果修正计划后，还无法达成目标，可以修正目标达成的时间；如果修正目标达成的时间还不行，则可以修正目标的量。如果必须放弃原来的目标另起炉灶，在面对新的目标时，切勿重复原来的行动，一定要调整行动计划，寻求新的路径，采取新的措施。

2. 随变化及时调整

变化无时不在，调整也无时不在，如对主攻方向进行调整、在原定目标的基础上进行调整；通过获得的信息反馈进行调整、通过预测进行调整、对具体阶段目标视情况进行调整。调整要讲究时效性，一旦发现职业生涯规划出现了问题，不管问题是大还是小，都应该及时进行调整和修订，或做出新选择，或拿出新方案，走出新的一步，绝不能拖延调整的时间，以避免错过调整的最佳时机；绝不能把问题留到下一个环节，以避免出现更大的失误。

3. 选择好调整时机

对初次走入社会的大学生而言，调整职业生涯规划的最佳时期有两个：一是在大学毕业前夕，根据新的就职信息和供需实际，在求职过程中进行调整；二是在工作 3 年左右时，根据从业过程对自身条件的检验，以及周围环境和自身素质的变化，及时予以调整。这两次调整，既可以是对近期目标即具体目标岗位的调整，也可以是对远期目标或职业生涯发展路线的调整。

目标的存在只是为我们的前进指示一个方向，而我们才是它的创造者，可以在不同时间、不同环境下更改它，让它更符合自己的理想。只要我们能灵活地对自己的职业生涯规划进行驾驭，无论环境如何变化，也难以阻挡其前进的步伐。

（四）调整方案的执行

调整方案的执行方法才是职业生涯管理的终极目标。所以，职业生涯规划一旦调整，就应形成新的方案。那么，我们怎样执行新的方案呢？

（1）建立积极心态严格执行。调整是为了更好地前进。要避免消极思想对行动的影响，让自己充满信心重新上路。当问题与环境有关时，你可能无力改变环境，与其遇到问题抱怨，不如想一些补救的办法更有意义。

（2）使用科学方法继续对职业生涯规划进行评估反馈。

（3）树立创新意识，发现问题及时调整。没有一成不变的计划，在执行的过程中，我们可能会发现问题，但只要科学调整，职业生涯就可持续发展。

（4）树立终身学习的理念，以不变应万变。随着社会、科技的快速发展，职业演变的速度正在加快，我们不学习就要落后。我们应做学习型人才，用知识补足职业行为的底气，有了底气才能在变化的职业发展中以不变应万变。

总之，大学生的职业生涯规划是一项复杂而持续的工程，要随着环境的变化进行对其进行评估反馈、调整修正，让职业生涯规划更能适合自身和社会需要的发展。

拓展实践

实训一　画出自己的目标多叉树

实训目的

把握目标分解和组合的方法，学会参考实际对职业生涯目标进行分解。

实训步骤

步骤 1　绘制目标多叉树。准备好彩笔，在纸上画出一棵大树。用树干表示你的职业理想的大目标，每个树枝代表小目标，叶子就是现在的目标或现在要做的事、要达到的结果。

步骤 2　将学生分组，开展组内讨论。4 人一组，学生可自由组合，将自己绘制的目标多叉树展示给其他学生看。小组内的成员应思考以下问题：

（1）你认为自己的大目标与小目标的组合是否合理？为什么？

（2）你认为小组其他成员的大目标与小目标的组合是否合理？为什么？

步骤 3　认真反思，修订目标多叉树。每个学生认真听取其他学生的意见和建议，反复思考自己绘制的目标多叉树，找出不合理的地方并进行修订。

步骤 4　评选优秀作品。组织学生开展目标多叉树优秀作品评选，获奖的学生分享自己的绘制心得。

实训二　撰写学期行动计划书

实训目的

掌握制订目标计划的方法，分析现实与目标的差距。

实训步骤

步骤 1　参考表 5-2，撰写学期行动计划书。评估现实与目标的差距，制订、完善实施方案，逐步完成目标。

表 5-2　学期行动计划书

起止时间	阶段目标	评估差距	实施方案	完成情况

步骤 2 探究与思考。

（1）查看自己撰写的学期行动计划书，你觉得可行吗？

（2）你是否能够完成这一学期行动计划书？你打算怎么做？

实训三 撰写职业生涯规划调整方案

实训目的

掌握职业生涯规划调整的方法，学会撰写职业生涯规划调整方案。

实训步骤

步骤 1 阅读下面案例，请你为方丽设计一份职业生涯规划调整方案（见表 5-3）。

大部分人第一次选择职业的成功概率不是很高，一般会在从事该职业一段时间后进行调整，如果该职业与个人预想的差距大，还可以选择转专业或转行，使之更加符合自己的发展条件。

大学生方丽一直希望自己成为一名出色的会计师，她为自己绘制好了美好的蓝图，也正在努力地朝那个方向奋斗。还有 1 年就要毕业了，方丽对未来充满了憧憬。然而，方丽的家庭突降横祸，她的职业生涯目标可能将面临搁浅。

调整职业生涯规划，一是应对外部条件的变化，二是适应自身素质变化的需要。方丽面对这种情况，应该怎样调整自己的职业生涯规划呢？

表 5-3 职业生涯规划调整方案

<table>
<tr><th>项　目</th><th colspan="3">内　容</th></tr>
<tr><td>姓名</td><td colspan="3">方丽</td></tr>
<tr><td>调整主要原因</td><td colspan="3">家庭变故</td></tr>
<tr><td>原职业生涯目标</td><td colspan="3">会计师</td></tr>
<tr><td>现职业生涯目标</td><td colspan="3"></td></tr>
<tr><td>实施方案</td><td colspan="3"></td></tr>
<tr><td>撰写人</td><td></td><td>撰写时间</td><td></td></tr>
</table>

步骤 2 请与老师、同学评估该方案的可行性，并将他们的评价意见总结如下：

（1）____

（2）____

（3）____

（4）____

第六章 自我发展

学习引导

“业精于勤，荒于嬉；行成于思，毁于随。”（韩愈《进学解》）意为学业因勤奋而精进，因嬉戏散漫而荒废；德行因深思反省而日渐有成，因放任自流而失范。

大学是进入社会的预备阶段，大学生除了精进学业，还需要提升个人综合能力，培养良好的职业素养。散漫荒废、不精于学业、不注重自我德行修养的人在职场中将很难前行。自我发展是由在平时生活、学习的小事中一点点积累而成的，并非一蹴而就。大学是多元、开放且相对自由的，我们需要学会自我管理，从一点一滴中提高自身能力，才能走得更长远。

学习目标

1. 了解：市场所需要的职业素养以及大学生发展自我的途径。
2. 熟悉：专业技能、通用能力及个人职业素养的概念和内容。
3. 掌握：大学生自我发展所需的各种能力。

案例导入

刘丰的故事

刘丰，执业中药师，广东省五一劳动奖章获得者。2013 年就读于湖南食品药品职业学院中药专业。2015 年毕业后就职于国药集团冯了性（佛山）药材饮片有限公司，一直从事中药材质量及相关岗位的工作。经过 8 年在岗位上的不断学习、培养、实践，如今的他已经成为一名技术骨干和中层管理干部。

2015 年，还没走出校门的刘丰就获得全国中药传统技能大赛一等奖和湖南省中药传统技能竞赛一等奖。2017 年、2020 年分别获得广东省医药行业“中药材鉴评师”“中药饮片鉴评师”称号。2021 年，他代表公司参加广东省中药材鉴别职业技能大赛，获得第一名，被广东省总工会授予广东省五一劳动奖章。

2023 年在江苏连云港举办的第二届全国中药传统名堂职业技能竞赛决赛中，来自同仁堂、片仔癀、九芝堂、达仁堂、采芝林、雷允上、胡庆余堂等 70 余个传统老字号中医药企业的 106 名选手同台竞技，刘丰再次获得一等奖。“因为南北中药炮制习惯不同，炮制品的性状会存在较大的差异，历史上全国主流的炮制流派就有京帮、建昌帮、樟帮、川帮、岭南帮等，炮制方法各有特色，平时我在工作中接触的大多是岭南特有炮制品，这次在中药饮片炮制品质量判断项目上失分略多了一点。”刘丰说。但中药理论知识的满分又让他倍感自豪。

刘丰从小体弱，没少喝中药，他笑称自己“久病成医”。后来，他带着好奇和崇敬之心走进中药行业殿堂。从兴趣到热爱，他一直走到今天，初心不改。如今的他还担任广州市药学会中药鉴定专业部委员、广东省中医药行业特约评审委员等。

议一议

（1）刘丰在校期间为未来的职业生涯做了什么准备？

（2）刘丰的自我发展道路包括哪些方面？

第一节 专业技能

职业能力并非先天拥有的，是在学习活动和职业活动中发展起来的，是每个人立足职场的资本。职业能力进一步细化，可分为专业能力、通用能力与职业综合能力。其中，专业能力是指从事某一职业所需要的知识和技能。在求职过程中，招聘方最关注的是求职者是否具备胜任岗位工作的专业技能。那么，我们在大学期间如何提升自己的专业技能呢?

一、学会学习，积累专业知识

知识为能力提供基础。古往今来，有所成就的人不仅因为他们具备较高的知识水平，还因为他们始终不断学习，保持对知识的渴求，不满足于现状，随时弥补知识空缺。当今社会，知识更新日新月异，大学生不仅需要在课内刻苦学习以夯实专业知识基础，还需要在课外自主学习，增加知识的储备，为将来立足职场做好准备。这就要求大学生必须学会学习，不能要接受老师所教的内容，还应该充分利用学校现有的教学资源和条件自学，更新和丰富个人的知识，更加深刻地认识专业领域中的各种事物，更加快速地解决学习中遇到的各种问题。

一般情况下，专业知识学习可以通过专业基础课程和课外积极参与专业相关的文化活动来实现。专业基础课是系统学习所学专业的课程，能帮助我们较为全面地打好理论基础，增强对所学专业的认同感；课外的专业文化活动包括学科竞赛、技能比赛、学长经验交流、知识讲座等多种形式。那么，如何有效学会学习、积累专业知识呢？我们可以从以下几条途径入手。

（一）做好学业规划

目标先于规划，规划先于行动。明确目标和具体规划能够帮助大学生不迷失前进的方向。因此，大学生在校期间要培养目标意识，在有明确目标的基础上做好学业规划。学业规划需要把学业目标分解到各个学业阶段里。部分大学生没有明确的学业规划，直到毕业，对人生发展也没有清晰的方向；在校期间不注重专业学习，毕业后因自身专业知识缺乏而找不到满意的工作。究其背后原因，是大学生在校期间的学业规划存在问题，个人学习能力较差。

在进行学业规划之前，我们首先需要对自己进行自我定向。自我定向分为宏观定向和微观定向两方面。宏观自我定向，即自我确定以后的人生发展方向，如自己职业发展的大方向，是从政、从学、从商还是从事社会服务等。微观自我定向，即明确自己毕业后想做的事情，是读书深造、出国、就业、创业、入伍还是做其他一些事业等。不论选择哪一种，都要选择适合自己的，根据自身的实际情况来定。这也意味着学业规划在大学阶段尤为重要，因为大学阶段是我们整个生涯发展的探索期，我们需要学会根据自己的职业生涯目标制订大学三年的行动计划。大学的学业规划大致可分为两个阶段。

1. 低年级的探索期

大学前两年，主要任务是学习通识课程和专业基础课程。初入大学一年级需要探索未来自己想从事的职业，了解与自己所学专业对口的职业以及相关的职位要求，在生活中多与学长交流学习经验，多利用图书馆的资源或网络资源增加知识储备。大学生应学会对信息和资料进行筛选整合，提高信息素养，辅助课堂学习，尽快适应大学生活。随着年级的升高，大学生需要掌握与专业相关的知识和技能，逐渐确定自己的职业生涯目标；在学习之余积累实践经验；找到自己的优势与劣势，强化长处，补足短处；有选择性地参加英语、计算机或专业技能方面的证书考试，若有专升本或其他深造学习的想法，需要提前进行规划及准备。

2. 高年级的提升期

在大学毕业前一年，我们要基本确定自己毕业后的目标，以用人单位的用人标准要求自己，增加实践经验，并进一步提升自己的专业技能；完成课程学分及毕业设计，确保自己能够顺利毕业。无论将来是选择就业、学习深造、创业还是从事其他工作，都要知道相应的要求和流程，为毕业就业做好知识和技能的准备。

（二）找到适合自己的学习方法

学习不是单纯的死记硬背。找到适合自己的学习方法能够让学习变得更轻松，甚至达到事半功倍的效果，更好地帮助我们完成学业目标。

1.CREAM 学习法①

CREAM 学习法注重个人的自我创造、自我反思、自我动力、自我控制和自我规划。

（1）创造力。在学习中要发掘自己的创造力，学会联想、举一反三，培养创造思维。我们可以随机选择两件物品，尽可能多想一些能够把两者联系起来的元素，如颜色、用途、形状、如何旋转、分成两半能否重组等，天马行空训练横向思考的能力。我们也可以多运

① CREAM 学习法是一种开放式学习方法，CREAM 由五个英语单词的首字母组成，即创造力（creative）、反思（reflection）、有效（effective）、积极（active）、动力（motivated）。

用比喻，试着从不同角度入手，把具体物品形象化，用图像概括某件物品，等等。

（2）反思。“吾日三省吾身”。大学生在平时的生活和工作中应养成自我反思的习惯，这样不但能够提高学习效率，还能提高工作效率。

（3）学习高效。我们阅读一本书时习惯从头到尾一页页阅读，而会速读的人能快速阅读一本书并获取其中的重要知识。在同样的学习时间内，有的学生能够完成更多的学习任务，而有的学生看上去忙忙碌碌，却可能一事无成，这些都与学习效率息息相关。高效学习不仅需要保持注意力集中，还体现为尽早着手，拒绝拖延。我们应从自己能最快入手的学习任务开始，先以最短时间找出学习过程中的问题，再列出任务清单一一处理。

（4）积极学习，保持学习动力。积极学习是相对于消极学习而言的，积极学习的效果自然会更好。如何保持学习动力呢？大学生需要先强化自我学习动机，即先思考自己要学习某门课程的原因，再设定学习目标。可以把学习任务分解成若干个小目标，通过达到小目标给自己设定一些奖励，鼓励自己争取完成更高的目标，如将目标分设为“自己容易实现的”“需要坚持实现的”“能够实现但较难实现的”三个等级，每完成一个目标便设定相应的自我奖励并记录下自己的成绩；也可以找到志同道合的伙伴，相互激励、互相监督来获得学习动力。

2. 费曼学习法

费曼学习法可以让人将被动学习转化为主动学习，大幅度提高个人对知识的理解力和吸收度。具体做法如下：

（1）把需要学习的内容或知识点记录在本子上。

（2）可以想象一个学生，也可以找一个同伴，把知识点讲给学生或同伴听。

（3）在卡顿的地方停下来，重新学习，再进行讲解。

（4）把已掌握的知识点用自己的语言简记下来。

3. 康奈尔笔记法

康奈尔笔记法（见图 6-1）可用于听课笔记、阅读笔记等。方法很简单，只需要在笔记本的一页纸上画两条线，将纸张分为三栏。右边主栏面积最大，用来记笔记，为笔记栏；左边副栏用于记录一些要点、线索词，帮助记忆主题内容、复习等，为提示栏；最下面划分一块总结栏，用于记录笔记的总结内容。当然，如何划分页面区域可以由你自己决定，重要的是要理解这样记录笔记背后的原理。

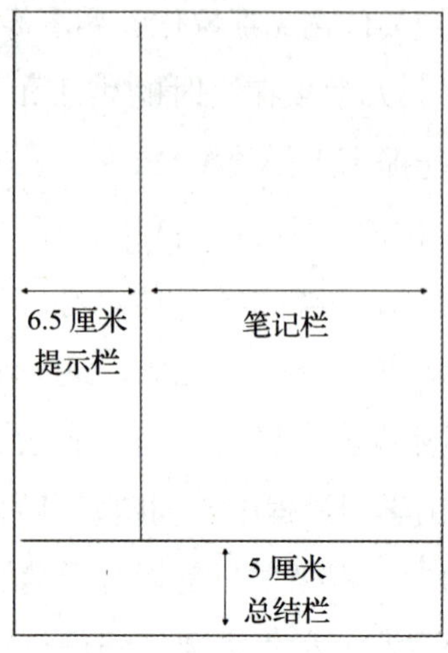

图 6-1　康奈尔笔记法示意图

二、积极实践，提升专业技能

职业教育的目的是培养应用人才和具有一定文化水平和专业知识、专业技能的劳动者。与普通教育和成人教育相比较，职业教育侧重于实践技能和实际工作能力的培养。工作中所需的专业知识和技能，大部分由理论知识转化为实践技能后得以运用，而实践技能是大学生在一定社会条件下亲身实践才能获得的。我们只有经过反复动手操作，才能提高专业技能的熟练程度，形成自己的技能经验。因此，大学生在校期间学好专业知识的同时，要多参与社团活动、技能竞赛、社会实习等，通过在实际工作或活动中解决问题来提高自身的专业能力，让职业道路走得更为通畅。

第二节　通用能力

通用能力是指人们在各种不同的环境中培养出来的、具有可迁移性的、从事任何职业都不可缺少的跨职业能力。通用能力可以提高人们工作的效率、灵活性、适应性、机动性，是相对于专业能力而言的。通用能力适用于各种职业，是职业人必须具备的能力，是个人获得就业机会、事业发展的重要保障，对人的终身发展起着重要作用。

一、时间管理能力

时间管理是指为了提高时间的利用率和有效性，对时间进行合理的计划和控制、有效安排与运用的管理过程。

大学生应该树立正确的时间观念，进行时间管理，否则错误的认知会导致“迟到”“早退”“旷课”“过度娱乐”等情况发生，无法体验到大学丰富多彩的生活。

自律才能自由，如果浪费时间，只会任时间摆布。珍惜时间才能掌握自由，做时间的主人。时间是我们最宝贵的资源，但也是最大的敌人，想要在最短的时间内获得最大的收获，提高时间管理能力是必需的。

（一）时间管理的目的

时间管理的目的就是将时间投入与我们的职业目标相关的工作，达到“三效”，即效果、效率、效能。这里的效果是指确定的期待结果；效率是指用最小的代价或花费获得最佳的结果；效能是指用最小的代价或花费获得最佳的效果。

（二）时间管理的过程

时间管理的研究对象并不是时间，而是与时间息息相关的“自我管理”，也就是说管理时间，实际上是管理自己。我们需要学会如何应对单位时间内发生的事务，使这些事务能够沿着我们的理想方向或目标发展，从而达到上文所说的“三效”。在时间管理过程中，我们需要抛弃陋习，改进工作方式或学习方法，选择适合自己的，并学以致用；养成良好的生活习惯，学会订立目标、完善计划、分配时间、权衡轻重等，加之自我约束、持之以恒，才能达到事半功倍的效果。

（三）时间管理的方法

时间管理非常考验个人的能力和自制力，学习一些管理时间的方法能帮助我们更快形成习惯，让我们更为轻松地管理时间。

1. 帕累托法则

19 世纪末 20 世纪初意大利经济学家帕累托（Vilfredo Pareto）提出：社会上 20% 的人占有 80% 的社会财富，而 80% 的人只分享了 20% 的社会财富。帕累托法则又称二八定律、关键少数法则等。这一法则被广泛应用于社会学及企业管理学等学科中，表明在任何一组事物中，最重要的通常只占其中的小部分，即 20% 左右。这一法则也适用于时间管理，要求我们在面对需要完成的事情时列出优先次序，把最优先完成的事情作为重中之重，并集中精力花费一段时间完成，即把 80% 的注意力放在 20% 最为关键的事情上。

2. 时间“四象限”法

美国管理学家柯维（Covey）提出了一个时间管理的理论，即把工作按照重要和紧急两个不同的程度进行划分，可以分成四个“象限”：重要且紧急、重要但不紧急、紧急但不重要、不紧急也不重要，如图6–2所示。一个人的精力与时间都是有限的，时间管理的一个观念就是，应该有重点地把主要的注意力和精力集中放在处理那些重要但是看上去不紧急的工作上，这些事情往往是需要时间的积累才能够达到目标，但完成这类事情能够提升内在能力，同时也可以做到未雨绸缪，防患未然。

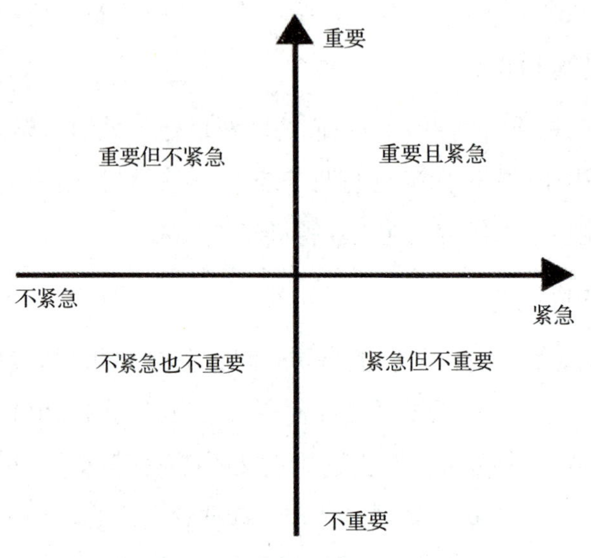

图6–2　时间管理四象限图

人们通常会把紧急的事情放在第一位，尤其是“重要且紧急”的事情。但这并不是管理时间的有效办法，我们应避免习惯于“紧急”的状态。这种“救火”“迫在眉睫出高效”的行为也许当时完成了任务，看似效率很高，却无法保障效果和效能。这样一来，我们也没有时间去规划、完成那些“重要但不紧急”的事情。

例如，有的学生在考试前看着好像很放松，没有进行紧张的复习，但考试的时候却有不错的成绩。这类学生大多平时在学习上（重要但不紧急的事情）花费了大量的时间和精力，即使遇到考试（紧急且重要的事情），也能从容面对，放松心态参加考试；而有的学生平时不努力，面对即将到来的考试，便临时抱佛脚，突击复习，结果考试成绩不理想。

又如，小李计划今天先熟悉一遍年终考核内容，然后把衣服洗了，早点休息，迎接明天的年终考核，却突然接到家里有客人要到访的消息。小李决定晚上先招待客人（紧急但不重要的事情），衣服今天就不洗了（不紧急也不重要的事情）。客人走后，小李在睡前又整理了一遍明天的考核内容（重要且紧急的事情）。看到这，有些学生可能会想，重要但不紧急的事情在这个例子中没有体现呀？其实重要但不紧急的事情就是小李平时工作的过程，小李工作认真负责、虚心学习，完成工作后会及时记录，做好总结及反思。年终考核时小李只需要整理日常留下的总结和反思即可，有充足的时间来招待突然到访的客人。

所以，时间管理的四象限法则的精髓就是做到未雨绸缪。

3. 六点优先工作制

六点优先工作制由美国管理学家艾维·利（Ivy Lee）提出。六点优先工作制的原理是要求把每天需要做的事情按重要性排序，分别从“1”到“6”标号，每天从“1”号开始，先全力以赴做标号为“1”的事情，直到它被完成或被完全准备好，然后全力以赴做标号为“2”的事情，以此类推……艾维利认为，一般情况下，如果一个人能够每天完成标记的6件重要事情，则他是一个效率非常高的人士。

二、情绪管理能力

（一）了解情绪及情绪管理

情绪是一种心理状态，我们经历的各种事情会给我们带来许多感受，在不同场合会有不同情绪，在不同时期看见同一场景也会有不同的情绪。情绪是人类天性的重要组成部分，心理学认为，“情绪是指伴随着认知和意识过程产生的对外界事物的态度，是对客观事物和主体需求之间关系的反应，是以个体的愿望和需要为中介的一种心理活动”。情绪包括喜、怒、忧、思、悲、恐、惊七种。

情绪管理，即以最恰当的方式来表达情绪。亚里士多德曾说：“任何人都会生气，这没什么难的，但情绪管理要能做到适时适所，以适当的方式对适当的对象恰如其分地生气，这可就难上加难了。”由此可见，情绪管理需要做到适时适所，对适当的对象恰如其分地表达情绪，而非随意发泄自己的情绪。情绪变化往往受环境和思想变化的影响。不管是不良情绪还是良好的情绪，如果我们能意识到情绪的存在，就能让其成为前进路上的良师益友，从管理情绪中获得智慧、信心、决心、勇气。

（二）常见的情绪处理方法

1. 心理暗示法

从心理学角度来讲，心理暗示法即个人通过语言、形象、想象等方式，对自身施加影响的心理过程。自我暗示包括积极自我暗示和消极自我暗示。心理学上所谓的“皮格马利翁效应”就属于积极的自我暗示。积极心理暗示是指在不知不觉中对自己的意志、心理以至生理状态产生影响，可以令我们保持好的心情、乐观的情绪，充满自信，从而调动人的内在因素，发挥主观能动性。消极的自我暗示则会强化弱点，唤醒潜藏在个人心灵深处的自卑、怯懦、嫉妒等，因此会产生负面情绪，甚至导致个人行为消极、错误百出、没有动力等。

心理暗示可以同时利用语言的指导和暗示作用调适和放松自身紧张状态，缓解不良情绪。心理学实验表明，人静坐时默想“勃然大怒”“暴跳如雷”“气死我了”等词句时心跳会加剧，呼吸会加快，表现出发怒的生理特征；相反，如果默想“兴高采烈”“欢天喜地”“可把我乐坏了”之类的词句，心理也会随之产生一种快乐，喜滋滋的体验。由此可见，言语活动会对人的情绪反应和自身体验产生影响。当我们遇到情绪问题时，应当充分利用语言的作用，用内心语言或书面语言对自身进行暗示，缓解不良情绪，保持心理平衡。例如，当面试出现紧张的情绪时，可以对自己说出“相信自己”“我可以”等鼓励的话语；当遇到愤怒或焦躁情绪时，要默想“冷静”“三思而后行”等话语，让自己的愤怒缓和下来，以免冲动造成不良后果。当然，除了默想，还可以写日记进行记录，也可以写邮件或写信向他人倾诉。

实践证明，心理暗示法对人的情绪和行为有奇妙的影响和调控作用，可以实时鼓励自己，也可及时缓解紧张情绪。

2. 注意力转移法

注意力转移法就是把注意力从引起不良情绪反应的刺激情境转移到其他事物上或从事其他活动进行自我调节的方法。当出现负面情绪时，可把注意力转移到自己感兴趣或自己喜欢做的事情上去，如看电影、读书、打球、写字、运动、旅行等，也可以做一些有助于让情绪平静下来的事情，让自己在活动中寻找新的正面情绪。

3. 适度宣泄法

遇到不良情绪时，过分压抑只会使情绪困扰更重，而适度宣泄可以释放不良情绪，帮助自己得以放松。适度宣泄的形式有向亲朋好友倾诉，运动，劳动，到空旷的山林原野放声大叫，等等。另外，我们需要增强自制力，要在适当的场合采取合适的方式发泄不满或不愉快的情绪，以免伤害自己或他人，引起未能预料的不良后果。

（三）合理情绪疗法

合理情绪疗法由美国心理学家阿尔伯特·埃利斯（Albert Ellis）于20世纪50年代创立，是在埃利斯的“ABC理论”基础上建立的。“ABC理论”的宗旨是，以理性的思维方式和观念代替不合理的思维方式，进而改善由非理性观念带来的情绪问题。

埃利斯的“ABC理论”认为：人的情绪不是由某一诱发性事件的本身所引起的，而是由经历了这一事件的人对这一事件的解释和评价、看法引起的。人的情绪主要源于自己的信念以及对生活情境的评价与解释的不同，即诱发性事件；个体遇到诱发性事件之后，产生的对该事件的信念，即评价、解释、看法；最终产生的个体的情绪及行为的结果。通常，人们认为，人的情绪的行为反应是直接由诱发事件A引起的，即A引起了C。而“ABC理论”指出，诱发事件A只是引起情绪行为反应的间接原因，真正的直接原因是人们对诱发事件所持的信念、看法、解释，即B。

例如，小张和小谢在校园散步，老师迎面走来，但老师仿佛没看见他们，径直走了过去。这时小张的想法是：“老师可能正在思考事情，并没有看到我们。”而小谢的想法则是：“上次没听老师的话，还顶撞了老师，老师是不是还在气头上？以后会不会不理我，或者在课堂上刁难我呢？”两种不同的想法会导致两种不同的情绪和行为反应。小张可能很快忘记这次相遇；而小谢可能会忧心忡忡，内心焦虑，甚至影响上课。

在现实生活中，有人会因为挑战而畏惧，有人会在挑战中快速成长；有人会因为失败而一蹶不振，有人会在失败中总结经验成就一番更大的事业；有人会因为工作中受挫抱怨，也会有人自我检讨努力提高自身能力而获得更多机会。

因此，合理情绪法提醒我们，当遇到的某件事情会引发负面情绪时，我们一定要默默提醒自己：“我对这件事情的评价、解释、看法或者理解是否正确、客观、全面？相信多用理性分析，即能让自己走出情绪的困境。”

三、团队合作能力

团队合作的力量很强大，优秀的企业更加注重团队协作精神，甚至将其视为公司文化价值之一。

大学生在校期间有很多锻炼团队合作能力的机会，如课堂上的小组任务、课后参加的社团活动等。如果在团队中流露出个人英雄主义，这样的员工即使业绩再突出，能力再强，最终也会被企业淘汰。那么，如何提升团队合作能力呢？

（一）了解团队成员

团队精神的核心是协同合作，协同合作是建立在成员相互信任基础上的无私奉献，团队成员因此而互补互助。只有团队成员相互协作，能力互补，工作氛围舒适、积极，才能造就出一个优秀团队。在一个团队中，团队成员需要主动了解每名成员的能力所长和优秀的品质，克服自身的缺点和消极品质，让缺点在团队中弱化。如果每名成员都能放大长处，弱化短处，团队协作就会变得越来越顺畅，工作效率也会提高。

（二）包容团队成员

团队协作需要的是团队成员能够集思广益，不断探讨，如果成员都一味地固执己见，不听取他人的意见，就无法组成团队。因此，团队成员在讨论及共事过程中，要抱着宽容的心态，对事不对人，齐心协力地解决问题，而不是一味地指责对方。

（三）谦逊有礼，获得认可

想要自己提出的意见更容易被团队成员认可及支持，一方面需要自己有杰出的能力，另一方面需要团队成员信任你。如果你能保持谦逊有礼的状态，积极参与工作之余的社交活动，关心团队成员的生活，在工作中能与团队成员相互支援、鼓励，则更有利于融入团队，也能让团队更有凝聚力。

（四）服从团队领导的决定

一个优秀的团队会有一个优秀的领导者。团队成员均有抒发个人观点的权利，在讨论期间可以尽情发表自己的观点，而一旦某事经成员探讨有了基本定论，就必须服从领导者最终的决定，完成分配到的工作任务。

（五）共享资源

不管团队成员的个人能力有多强，如果没有融入团队，那么某一阶段必定会给整个团队带来致命打击。因此，资源共享是一个团队工作中不可缺少的一部分。资源共享是团队健康发展、稳定发展的基础，能客观地体现一个团队的综合能力，如果团队成员自顾自地埋头苦干，却不愿意共享资源，那么这个团队的凝聚力和协作能力就难以提高。当然，每个成员有权利享受共享的资源，也有义务提供有利于团队工作的资源。

四、人际沟通协作能力

社会发展不断地影响我们相互交流的方式，无论是职场新人还是职场精英，对其沟通能力的要求都越来越高。良好的沟通是工作和生活的一条纽带，可以把人与人联系在一起，可以表达出每个人的想法和创意，可以提高工作效率。没有沟通就难以协作，自然也发挥不出协作的强大功效。了解沟通的原理、加强沟通训练都能够帮助我们提高沟通能力。

（一）沟通的概念

沟通是指在一定社会环境下，人与人之间、人与群体之间借助共同的符号系统（语言、文字、图像、手势等）进行思想和感情的信息传递以及反馈，以求思想达成一致、感情得以畅通的过程。

根据媒介不同，沟通可分为语言沟通、非语言人际沟通和电子沟通。语言沟通是指以语词符号为载体的沟通，主要包括口头沟通、书面沟通；非语言人际沟通是指借助肢体动作、面部表情等进行沟通；电子沟通是随着计算机网络的发展而产生的，主要在计算机技术与电子通信技术组合的基础上产生的以信息交流为基础的沟通，如电子邮件、计算机网络、传真等。

（二）沟通的六大特性

有效的沟通包含一些相同的特性，了解沟通特性能够帮助我们的沟通达到更理想的效果。

1. 双向性

沟通一定是一个双向的过程。在工作和生活当中，单向的通知或倾诉不能称为沟通，只有双向的才称为沟通。双向性沟通是伴随有反馈过程的，这个反馈过程能使自己或对方及时传达信息内容，使接收者接收信息并反馈遇到的问题，最终解决问题。

2. 明确性

沟通由发送者发出信息，但接收者必须有效接到信息内容才能指导行为，起到作用，因此，发送者有责任发出明确信息。首先，需要明确沟通目的，在沟通过程中把自己的意图准确地告知接收者后，根据接收者的反馈做出果断回复，确保信息在传达过程中的正确性；其次，在沟通过程中要使用接收者易于理解的语言和传递方式，即用通俗易懂、简练的语言，可用一些其他方式（如图纸、图标、图片、身体语言、录像等）辅助表达，确保信息表达得清晰。

3. 积极聆听

管理学认为，在沟通过程中所花费的时间和精力的比例分别为：花费在书写上的时间为 9%；花费在阅读上的时间为 16%；花费在交谈上的时间为 30%；花费在倾听上的时间为 45%。由此可见，沟通过程中，聆听是准确接收和理解信息内容的关键步骤。每个人的文化背景、知识结构、能力经验等各不相同，自然会影响到个人的表达方式和沟通风格，尤其是在不同文化背景、不同语言背景下沟通时更容易出现误解。聆听是沟通的基础，也是表达对沟通者最基本的尊重。不论在何种情况下，表现出积极聆听对方讲话的态度能更易与对方形成双向和谐的沟通。

4. 谈行为不谈个性

在职场中，不论我们与何人沟通，都要就事论事，就事情本身进行沟通，不能过于偏向谈论个性，不谈论对某一个人的看法，如不讨论某人的做事的行为习惯，不讨论某人处理事情时的态度等，否则会破坏沟通的基础。

5. 善于提问

要有效运用封闭式提问和开放式提问两种方式。封闭式提问多用“是”或“否”来回答；开放式提问则主要用于启发对方，让对方表达自己的想法，如“您对我们的服务有什么评价呢”。通常，发起话题可以用开放式提问；发现谈论偏离主题时，可以改用封闭式提问进行限制；发现对方安静下来或紧张起来时，可以改为开放式提问。沟通中合理运用提问方式能让沟通更顺畅。

6. 善用非语言沟通

一般来说，人与人沟通除了通过言语表达外，还会有非语言沟通，如语气语调、面部表情、身体动态、手部动态、目光、身体距离等。例如，强调重点时可以提高语音，缓解气氛时可以常用微笑，指引方向或某内容可以使用手部动态，等等。

实际上，有效沟通并不难，关键在于用同理心认真聆听，选择最易于理解的方式明确表达。

（三）有效沟通的要素

人具有社会属性，生活的各方面都与社会息息相关，人与人之间避免不了交流，而人与人之间能有效协作完全依赖于良好的沟通。有专家认为，一个职业人所需要的基本技能有沟通的技巧、管理的技巧和团队合作的技巧。然而，不论是管理还是团队合作，都必须以有效沟通为基础。有效沟通是消除障碍、达成共同愿景、朝着共同目标前进的桥梁和纽带，更是学习和共享的一个过程。有效沟通能帮助我们造就健康的人际关系，能让我们的职业生涯发展更顺利。由此可见，有效沟通的意义重大且十分重要。而要想达到有效沟通的目的，就需要了解沟通的三大要素。

1. 目标明确

没有目标的谈话不是沟通，只能称为聊天。有明确的目标是进行沟通的重要前提。一般情况下，在和别人沟通时，先会寒暄几句，之后直奔主题，可以说：“这次我找你的目的是……”“这次我们开会的目的是……”等。因此，人们在说重要内容时，先表明此次沟通的目的非常重要，也是一种沟通技巧。

2. 达成共同协议

只有沟通结束后形成一个双方或者多方都共同承认的协议，才能算完成了一次沟通；如果没有达成协议，则这可能是一次无效沟通。每个人对内容可能持有不同的理解，这会造成工作效率低下，也容易造成不必要的误会和矛盾。因此，在一次沟通结束时，大家可以请一人来做总结，这是一个促进达成共同协议的有效沟通行为。

3. 沟通信息、思想和感情

沟通的内容不是只有信息的传达，还包括思想和感情，俗语“一回生，二回熟”就包含了这层意思。信息是非常容易沟通的，但思想和感情的沟通时常出现障碍，所以，我们在沟通时需要有耐心和诚心，善于表达自我和聆听。沟通既然是双向的，就需要站在他人的角度考虑他人的处境，这样会容易产生感情上的共鸣，从而达到信息交流无误，感情和思想和谐统一。

五、创新能力

（一）创新能力的概念

创新能力是指在技术和各种实践活动领域中不断提供具有经济价值、社会价值、生态价值的新思想、新理论、新方法和新发明的能力，是经济竞争的核心。两千多年前，老子在《道德经》中提出“天下万物生于有，有生于无”的创造思想；1919 年，我国著名教育家陶行知第一次把“创造”引入教育领域，在《第一流教育家》一文中提出要培养具有“创造精神”和“开辟精神”的人才。由此可见，培养学生的创新能力对国家富强和民族兴亡具有重要的意义。

（二）提升创新能力的重要性

随着科学技术的发展，文明的真正财富将越来越表现为人的创造性。培养大学生的创新能力不仅对个人职业生涯有重要意义，而且对国家也具有重大意义。全面建成社会主义现代化强国，总的战略安排是分两步走：从二〇二〇年到二〇三五年基本实现社会主义现代化；从二〇三五年到本世纪中叶把我国建成富强民主文明和谐美丽的社会主义现代化强国。这一宏伟事业的继承者正是一代一代的大学生，这就要求我们具有创新精神，深挖个人潜力，提高个人创新能力。

（三）大学生培养创新能力的基本原则

1. 个性化原则

每个人都是特殊的现实存在，从某种意义上说，个性化是创造性的代名词。大学生应有自主意识、独立的人格和批判的精神，多思考，不依附也不盲从，保持好奇心、想象力和表达欲。尤其是在互联网的大环境中，网络带来了丰富的信息资源，大学生面对爆炸式的信息，应有自己的判断力，有意识地锻炼自己的创新性思维，激发自己的创造欲和求知欲。

2. 系统性原则

系统是相互联系、相互作用的若干要素以一定结构组成的，是具有一定整体功能的有机整体。创新能力是一个包括培养创新意识、创新精神、创新思维、创新方法等各要素的有机整体。培养个人创新能力，除了大学生自觉锻炼外，还需要学校、家庭、社会各方面的共同参与。

3. 实践性原则

实践是人类所特有的对象性活动，是人类的存在方式。培养大学生创新能力离不开实践，遵循实践性原则是坚持马克思主义的教育观和人才观的表现。创新是一种创造性的实践，因此要坚持以实践作为检验和评价大学生创新能力的唯一标准。

4. 协作性原则

协作即由若干人或若干单位共同配合完成某一任务。大学生的创新能力不仅与智力因素相关，还受非智力因素的影响。有人对诺贝尔奖获得者的工作态度与方式进行了研究，发现 200 多名获奖者中，近 1/3 的人是与他人合作获奖的。由此可见，合作可以增强创造性。因此，大学生要多与他人相处、交流，多参加集体活动，学会与人合作。

找准方向，一往无前

——湖南食品药品职业学院药学院 2018 届毕业生李晓卓

李晓卓，目前在汤臣倍健华中项目任总监，也是绿之韵云健康合伙人。

对于职业生涯发展路线，李晓卓也是经历迷茫后才慢慢找到自己的方向。进入大学后，李晓卓的职业生涯规划有意识地朝着两个方向去发展：一是专业技能的掌握；二是综合能力的提升。因此，李晓卓在维持自己学习成绩稳定的同时，尝试参加学校活动，从每次不同的活动中去探索自我的兴趣、自我特性、自我的优势。在大三的时候，他发现自己在演讲方面很有潜力，并且热爱演讲，因此在心中埋下一颗想成为一名培训师的种子。在后来的学习期间，他都在为这颗小种子施肥、灌溉。他搜索各种资料，丰富知识储备，夯实基础，有意识地练习普通话，抓住每一次课堂 PPT 课件讲解的机会，对各方面能力进行有针对性的提升，立志将来成为一名培训师！

初入职场，由于在学校演讲能力上的积累，整体工作情况还算得心应手，只是在一些健康专业知识的应用上有些欠缺，因此他开始补充欠缺的知识，并在培训课程中有意识地应用练习。在做培训讲师的工作中，他结合市场情况分析，发现自己的问题所在，如培训部的培训课程不落地销售，导致他的商务谈判成为非常大的短板。当他意识到这一点时，便开始寻找锻炼的机会。他偶然间接触到了现在的创业项目，创业很锻炼人，需要全方面发展自己，需要补充很多的知识和经验，他有意识学习、练习，取长补短，创业团队也越来越大。与此同时，他的市场营销能力越来越强，职业能力不断提升，相应地，他在职场上也更游刃有余。

第三节 职业素养

一、职业素养的概念

职业素养由“职业”和“素养”两个词组成。职业是指个人所从事的，能获得物质生活来源，满足精神需求的社会活动。素养是指一个人的修养，《辞海（第六版彩图本）》将素养定义为：经常修习涵养，亦指平日的修养；平素所豢养。

个体在职场中的行为综合构成了自身的职业素养。职业素养涵盖专业知识、专业技能等与职业直接相关的基本能力和综合素质等方面。那么，如何定义职业素养呢？

有的观点认为，职业素养是人们从事某工作所具备的专业素质和道德品质；有的观点认为，职业素养是劳动者对其社会职业活动与发展的适应力和胜任度。这些观点都具有合理性。职业素养一般是指职业内在的规范与要求，是在职业发展中形成的综合素质。我们梳理各种观点后认为，职业素养是一个动态变化的过程，“素养”一词含有变化、提升的意思，职业素养是职业劳动、职业生活对职场人所要求的职业素质的养成，包括职业认知、职业意识、职业价值观、职业道德、职业能力、职业心理等素质养成教育过程及可量化的状态。

美国著名心理学家麦克利兰于 1973 年提出“素质冰山模型”，将人们个体素质的不同表现表式划分为表面的“冰山以上部分”和深藏的“冰山以下部分”。素质冰山理论认为，个体的素质就像一座水中漂浮的冰山，水上部分为知识、技能，仅代表表层的特征；水下部分为特质、态度、责任心，这是决定人的行为的关键因素，如图 6-3 所示。

图 6-3 素质冰山模型

如果把大学生的职业素养看作一座冰山，则浮在水面上的是显性的职业素养，只能说明这个人具备了从事职业劳动的基本条件，其只占整体的 1/8；而水下部分是隐性的职业素养，也是判断这个人能否胜任工作的重要部分，其占整体的 7/8。因此，大学生职业素养的培养应该着眼于整座“冰山”，并且以培养显性职业素养为基础，重点培养隐性素养。

二、职业素养的内容

职业素养的内容涉及面很广，这里主要介绍以下几点。

（一）职业信念

职业信念是职业素养的核心，包括良好的职业道德、积极正面的职业心态以及正确的职业价值观等，由爱岗、敬业、忠诚、奉献、正面、乐观、用心、开放、合作、始终如一等素养体现出来。

（二）职业技能

职业技能是指人们运用专业知识或经验顺利完成某种职业活动所需要的技能。没有扎实的专业知识、精湛的职业技能，是无法胜任一份工作的。

（三）职业行为习惯

职业行为习惯是指通过在职场上长时间的学习，最终形成个人习惯的一种职场综合素质。职业行为习惯也是一个人对职业劳动的认识、评价、情感、态度等心理过程的外在行为的反映。因此，职业行为习惯能直接反映出个人的职业素养，是需要注意自我培养的一项重要内容。

（四）职业道德

职业道德是指在一定职业活动中应遵循的、体现一定职业特征的、调整一定职业关系的职业行为准则和规范。当代大学生走入社会，必然成长为社会劳动者。社会主义职业道德继承了传统职业道德的优秀成分，也体现了新时代的特征，主要内容包括爱岗敬业、诚实守信、办事公道、热情服务、奉献社会。

（五）职业理想

职业理想是人们根据社会要求和个人条件确立的职业生涯目标，也是个人渴望达到的职业境界。职业理想是人们实现个人生活理想、道德理想、社会理想的手段，受到社会理想的制约。要注意的是，职业理想应结合实际，现实可行。

三、职业素养的特点

职业素养的特点有以下几个。

（一）养成性

职业素养是与职业世界相联系的个性品质合集，是在长期的后天从业过程中养成的。职业素养的获得需要一定的社会条件，需要在职业环境中通过模仿、反馈、思考等多种途径才能获得。职业素养的提升不是一蹴而就的，不是程序化的固定动作的组织体系，需要知识、经验逐渐内化且能灵活运用，强调针对不同情境做出不同的反应。

（二）职业性

不同的职业具有不同的特点，这就决定了对不同行业的职业素养要求也不同。例如，对教师的职业素养要求不同于对服务行业从业人员的要求，对医师职业素养的要求不同于对药剂师的要求。

（三）稳定性

职业素养是通过教育、社会实践的影响逐步形成的，有相对稳定性。例如，一名医师经过多年的工作，形成了自己特有的看病开药方方式、医德医风等一系列医师职业素养。

（四）内在性

从业者在长期工作中能认识到如何做是正确的，并有意识地自我内化、积淀并升华的心理品质，就是职业素养的内在性。有些人会给他人一种“把事情交给他做就很靠谱”的印象，其实这正是他们内在素养高的表现。

（五）发展性

随着社会对从业者的要求不断提高，从业者为了更好地满足社会需求，更好地胜任某一职位，就会不断提高自己的职业素养，所以说职业素养具有发展性。

四、职业素养的作用

职业素养在个人的提升、企业的发展以及整个社会的进步中都具有十分重要的作用。

（一）职业素养能有效提高就业能力

有些大学生找到自己心仪的工作，却不能很好地胜任。当今社会的分工越来越专业化、精细化、综合化，就业压力越来越大，竞争越来越激烈，那么从业者如何脱颖而出呢？归根到底，核心竞争力就是就业能力，而就业能力的核心是职业素养。因此，个人应切实提高自身职业素养，以增强自己的就业能力，满足职业对从业者越来越高的要求。

（二）职业素养是选用人才的重要指标

职业素养是用人单位选拔人才的重要指标。工作需要知识，更需要智慧，而最终让用人单位选用你，是因为你的职业素养符合用人单位的要求。

（三）职业素养是社会经济发展的需要

当今社会的竞争，归根到底是人才的竞争。社会经济发展对人才职业素养的需要主要体现在两个方面。

1. 社会经济的发展依靠具有高职业素养的人才来推动

科技文化和社会生产力是推动社会经济发展的根本动力，而人才又是科技文化和社会生产力的继承者、创新者、实施者。因此，一家企业只有拥有较多的高职业素养的员工，才能在激烈的市场经济竞争环境中生存、发展。

2. 践行社会主义职业道德是发展社会主义市场经济的内在要求

在社会主义市场经济中，如果各行业的从业人员无视市场规则，只顾个人经济利益，不讲诚信，那么整个市场都将充斥不良之风，充斥假冒伪劣产品，自然会产生很多经济问题，阻碍市场经济发展。因此，践行社会主义职业道德，不仅是企业自身发展的需要，还是社会主义市场经济发展的需要。

五、影响个人职业素养的因素

影响个人职业素养的因素很多，主要包括受教育程度、实践经验、社会环境、工作经历以及自身的一些基本状况等。

（一）受教育程度

求职者的受教育程度是用人单位普遍看重的条件之一，无论招聘什么岗位的员工，用人单位在招聘信息中都会明确提出受教育程度的具体要求。随着社会经济的不断发展，用人单位对求职者受教育程度的要求越来越高，这从侧面反映出企业对求职者职业素养的要求也越来越高。一般来说，一个人的职业素养与其受教育程度成正比，受教育程度越高，知识、技能、经验等显性职业素养也会相应越高。

（二）实践经验

实践经验不仅是企业注重的招聘条件，也对从业人员的职业素养产生重要的影响。实践是检验真理的唯一标准，理论知识都需要经过实践的验证，个体的知识、技能、经验等素质和能力都需要通过实践才能更为精进。一般来说，一个人的实践经验丰富，人生的知识、阅历和经验相应地会更加丰富，处理问题会更老练。企业在招聘一些岗位从业者时会特别强调需要具有该行业或该岗位的实践经验，这说明实践经验是十分重要的。因此，实践经验对于大学生的职业素养具有直接的重要影响。

（三）社会环境

人能创造环境，同样环境也能塑造人。人的部分行为由遗传决定，大部分知识、技能、思想和行为是靠后天获得的。职业素养的养成性说明人受社会环境的影响。个人的生活环境不同，造就每个人具有不同的思想品质、性格特征和道德修养等。社会、学校、家庭是大学生生存、学习、成长的环境，三个环境对学生行为习惯的养成都起着至关重要的作用。三个环境不同的价值取向、行为标准、教育目的都会影响学生的思想、行为习惯的养成，造就大学生不同层次的素养，全面影响着大学生的成长、成才。

（四）工作经历

工作经历是企业选拔、招聘人员的主要参考因素之一，也是个人职业素质养成的重要途径。实习、兼职或工作经历丰富的学生往往更具竞争力，不仅是因为他们的工作技能相比没有工作经历的求职者更熟练，更重要的是，他们的创新能力和职业道德更好。大学教授给我们的多是理论知识，而只有通过实际的操作，我们才能更好地将理论知识与实际工作结合，提高自身的职业素养。

六、提升个人职业素养的途径

（一）遵守职业道德

职业道德是整个社会道德体系的重要组成部分，是人们在职业活动中所遵守的行为规范的总和。人们进入工业社会后，工业社会中的生产不再以人的生存和发展为中心，而是以资本的不断增值为目的，这个过程增加了生产活动的道德危机。例如，“多国爆发巧克力沙门氏菌疫情”等食品安全问题就是职业道德严重缺失的体现，不仅影响和谐社会的构建，还威胁着人们的生命安全。大学生应注重社会主义职业道德修养理论知识的学习，积极参加社会实践，做到知行统一。

（二）磨炼职业技能

在如今日益激烈的就业形势下，大学毕业生要想提高自身的职业素养，就需要掌握扎实的科技文化知识和过硬的职业技能。首先，初入大学时要制订合理的专业知识学习计划，熟练掌握校内所学的专业理论知识，丰富和拓展相关知识领域；其次，积极参与实践，提高动手能力和创新能力，积极参加比赛锻炼自身的专业技能，提高自己的综合职业技能。

（三）树立职业形象

职业形象是指个人与其职业相适应而表现出来的、能够反映其内在气质和职业特点的外在形象及举止行为。职业形象并不是简单的外表长相和穿衣打扮，而是一个人整体素质的展现。

1. 职业形象的价值

人际交往中，第一印象是比较重要的，而一个人的形象特征是最容易形成令人难忘的第一印象。同样，在求职、社交活动中，职业形象也会起到很关键的作用。如果职业人的职业形象不能体现专业度，不能带给客户信赖感，有时候还未展现自身能力，便已经被客户拒之门外了。如果个人的职业形象引发了同事的厌恶，也会严重影响个人职位的晋升。因此，良好的职业形象犹如一块“敲门砖”，能使人的职业生涯有一个好的开始。

2. 良好职业形象的表现

职业形象是一个人仪容仪表、言谈举止、待人接物的行为及内在气质的统一，也是新时代企业文化和个人职业素养的综合体现。

（1）仪容仪表得体。职业形象的仪容仪表不仅指自身的长相。事实证明，美是可以后天塑造的。世界上本无美丑之分，每个人都有属于自己的优点和气质，我们只需要把自己的优点和气质挖掘出来并努力放大，做到扬长避短即可。

每个人的容貌和身材都不同。我们要了解自己的身材、脸型、个性特征及工作需求，参考相关专业意见，改善并设计出既能体现个人风格又能符合工作场合的造型，给人留下得体的美好印象。例如，身材不好，可以通过积极锻炼改善；皮肤不好，可以通过营养均衡、调整生活作息规律和饮食改善；服装搭配不好，可以向学习美妆博主、时尚博主学习，提高自己的审美和搭配能力。

（2）把握语言尺度。恰当的说话尺度可以帮助我们更快、更简单地完成工作。所谓说话之道，首先，了解说话双方的地位身份、学识教养、生活阅历、社会背景等要素；其次，注意场合，在正式场合说话时，应使用书面语、常用语；在非正式场合说话时，可以风趣幽默，多用口语。

在人际交往中，为人要诚信，说话要诚恳。在职场中，要尽量避免揭人短处、在人背后议论，不搬弄是非，不谈及隐私；还要注意不炫耀自己，没有人愿意和一个夸夸其谈的人做朋友。

（3）保持微笑。微笑是人际交往中的一把万能钥匙，能够开启职业生涯发展的成功之门，也能开启人们封锁的心门。受自身的价值观和成长经历的影响，每个人的职业形象不尽相同，有的人轻松幽默，有的人严肃古板，有的人热情大方，有的人沉着冷静，但微笑是受欢迎职业形象的共同点。微笑可以缩短人与人之间的距离，也可以缓和尴尬或者紧张的气氛，俗话说“伸手不打笑脸人”，微笑有时甚至能够帮你说道歉。所以，微笑犹如人际交往的润滑剂，能够帮助人们顺畅沟通，展现个人良好的职业形象。

拓展实践

24 枚金币记录法

一天 24 小时代表 24 枚金币。请记录自己一天的行程安排（见表 6-1），若时间被高效利用，如专注地学习知识、运动 1 小时或专心玩游戏 1 小时，可获得 1 枚金币。若时间虚度，如刷视频、闲谈等，则不能获得金币。

表 6-1 记 录 表

星期	小时																							
	1	2	3	4	5	6	7	8	9	10	11	12	13	14	15	16	17	18	19	20	21	22	23	24
星期一																								
星期二																								
星期三																								
星期四																								
星期五																								
星期六																								
星期日																								

思考与探究：

（1）你一天能获得几枚金币？

（2）你的时间用来做什么事情了？

（3）虚度的时间是否能避免呢？

第七章 职业适应与职业发展

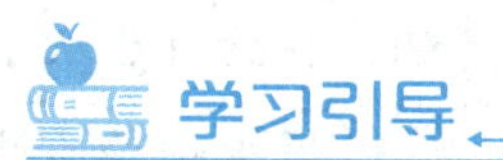

学习引导

本章围绕职业适应与职业发展这个主题展开，让大学毕业生从学生的思维方式调整成职场思维方式，激活他们的职场潜能，唤醒他们的社会担当，帮助他们树立职业目标和了解职业发展的趋势，让他们学会思考和选择，成为社会合格的建设者和接班人。

学习目标

1. 了解：职场新人职业化水平不高的表现及职业发展的特点。
2. 熟悉：明尼苏达工作适应论中适应的两个维度。
3. 掌握：提高职业化水平的策略；角色转换后的职业观变化。

案例导入

职场剧《欢乐颂》中关雎尔的职场困惑

关雎尔性格乖巧温顺，家境良好，人生道路上没有受过太大的挫折，大学毕业后进入一家五百强企业实习。此时，她发现父母的庇护已经无法发挥效用，她曾经的那些处事方式在职场行不通了。正是这种发现，关雎尔开始丢弃自己一直依赖的“拐杖”，试着自己独立生活。她最大的弱点在于，不懂得如何拒绝别人，也不好意思拒绝别人。实习期间，血淋淋的现实给她好好上了一课。

关雎尔的同事米雪儿生病，拜托关雎尔帮她完成手头的方案。事实上，米雪儿已经做了前半部分，关雎尔只需接着做完后半部分并在最终的负责人上签名提交即可。时间紧、任务重，关雎尔加班到深夜终于把后半部分的内容完成并提交了此方案。然而最终提交的方案中，米雪儿做的前半部分的内容出问题了，当领导追责这个事情时，同事米雪儿不承认此方案错误是她造成的，告诉经理整个方案都是关雎尔负责的，把她自己从整个事件中完整地“择”了出来。于是，火冒三丈的经理把关雎尔叫了过来，狠狠批评了她一通，还要求关雎尔写一份深刻的检讨书交给他……

议一议

（1）如果你是当事人关雎尔，在同事遇到突发状况找你帮忙完成工作任务时，你会如何处理？

（2）你会如何委婉拒绝那些你无法胜任的工作？

第一节 角色和职业观

面临毕业的大学生即将离开熟悉的校园，踏入职场，开始人生新的旅程。走入职场前，大学生需要对学校与职场的差异有一个正确的认知，这能帮助他们平稳地完成学生向职业人的角色转换，快速适应职场环境。

一、学校与职场的差异

微课
学生角色与职业角色的差异

（一）学校和职场的目标不同

学校是培养人才的地方，学生在学校的主要任务是学习知识（涵盖了德、智、体、美、劳等方面），学生在学校的培养目标下逐渐成长成才，学会做人，学会做事。

职场是指让员工把已有的知识和能力进行变现的地方。企业的目标首先是生存，赚取利润，然后是培养人才。因此，所有的企业都希望能招到可以马上为其创造价值的人才。

（二）完成学校任务和职场任务的方式不同

在校大学生可以通过自身的努力完成学业，达成自己的学业目标，如独自完成各类作业、试卷、设计。当然，有些作业和设计需要团队协作才能完成，只是团队协作因素在学业成绩中体现的比重不高。

在职场上，工作业绩往往是通过团队协作完成的，业绩考核大多数以团队的整体业绩考核为主，个人在团队中的作用决定了个人的职业价值。

（三）学校与职场的评价标准不同

一个学生是否优秀，学校是通过综合素质来评价的。学习成绩是一个非常重要的评价指标。如果你在校期间努力学习，做好知识和技能的积累，积极参加社团实践，培养自己的可迁移技能和自我管理技能，个人综合素质就可以达到一个比较理想的水平。

职场对员工的评价主要取决于员工给企业创造的价值，这个价值不是仅靠一个人的努力就能实现的，还受其他诸多因素的影响。工作中的绩效往往以达成一定的业绩标准来呈现。情商是影响工作业绩的一个重要因素，情商的高低与学业成绩的高低没有必然的联系，职场青睐高情商的人，高情商有利于帮助职业人解决职场中的难题。学业成绩好的学生进入职场后不一定是最受欢迎的。

（四）学校学习与职场学习的目的不同

在学校，如果学生能很认真地完成学习任务，取得优秀的学业成绩，就能得到老师和学校的肯定，这会让学生产生一定的获得感和荣誉感。

职场中的学习往往是为了解决问题而进行的学习，这种学习比校园学习的针对性更强，学习的内容更广、更深、更具实用性，学习效率也更高。走入职场后，我们需要做好随时学习的思想准备。凡是工作需要用到的知识和技能，自己不明白的事情都要去摸索和学习，这种饥渴式的学习方式能帮助个人快速成长。

（五）学校与职场的管理模式不同

职场的管理比学校的管理更严格，职场强调服从、遵从，按规章办事，如果员工违反公司制度，造成工作失职失责，将会受到相应的处分和惩罚。大学毕业生初入职场时，需要避免凭感觉做事，对不清楚的事情，需要问清楚再做；对重复的工作内容，应尽量优化工作的流程，学会在工作中创新，否则就不能按时按质按量完成工作任务，给公司造成直接或间接的经济损失。

校园环境和职场环境的对比如表 7-1 所示。

表 7-1　校园环境与职场环境的对比

比较方面	校园环境	职场环境
工作时间	弹性的时间安排（有时没有课，可以自主安排时间）	工作时间比较饱满（甚至需要利用周末时间完成工作，工作时间长）
通勤	活动区域基本在校园内，距离短	通勤距离长，有时要出外勤或出差
休息日	有寒暑假及日常周末和节假日	无寒暑假，节假日休息也相对要少
考核标准	学业可以通过分数来衡量，且大多数有参考答案	工作中的问题没有标准答案，没有最好，只有更好
任务布置的清晰度	每学期教学大纲会提供清晰的学习任务	工作中的任务布置有时是模糊的，需要在工作中进行探索并不断优化
个人成绩	体现在个人考试分数上	体现在团队整体的业绩评价和个人的绩效考核上

二、角色转换后的职业观变化

“良好的开端是成功的一半。”具有正确的职业观念是个人顺利从学生角色转变为职业

人角色的重要前提。合格的职业人需要具有正确的职业观念、较强的专业知识、娴熟的职业技能、健康的身心等。因此，培养大学生正确的职业观是非常重要的。

（一）从“要”到“给”

从小到大，一些人习惯了“要”的心态，向父母要好的生活条件和学习条件；向学校要好的学习环境，希望获得好的学习成绩和学校的各种奖励，等等。有些“要”是必需的，因为家庭要培养后代，学校要培养人才。

而现在，走入职场的我们如果还是存在这种“要”的心态，就很难实现向职业人角色的转变。我们作为职业人，要学会先给，一个人的职场价值是指贡献减去成本和损失所得的结果。你的贡献越大，成本和损失越小，价值就越大。职场价值可用公式表示为

$$职场价值=贡献-成本-损失$$

因此，我们走入职场时要保持“给”的心态，多做贡献，提升自己的职场价值，打造自己的核心竞争力。

（二）从“学”到“习”

孔子说：“学而时习之，不亦说乎？”这里的“习”不仅有“温习、复习”之意，更有“演练、练习”之意，也就是实践。在古代，“学”与脑力活动有关，是获得知识与经验的行为；而“习”则与肢体动作有关，如“习礼、习战、习射”等。由此可见，“习”字的本义就是“演练和实践”。

“学”是获取知识、积累知识的过程，“习”则是应用知识、创新知识的过程。首先在“学”上要实现从“阶段学习”向“终生学习”的转变。职业生涯的每一次质的飞跃，都是以学习新知识、树立新观念为先决条件的，职场上的专业进修可以开阔视野，拓宽自己的职业生涯之路。

要想在自己的职业领域有所发展，一条重要的途径是多读书，特别是多读应用型的专业书籍。除学习书本知识外，还可以在交流中向榜样学习，在实践中向社会学习，通过总结经验实现自身综合能力的提高。随着互联网技术的应用和发展，各种新的媒体不断涌现，如智能终端的 App、视频平台等，给人们利用碎片时间进行学习提供了更为有利的条件。

拓展阅读

阅读的意义

学海无涯，人生有涯，青少年学生读书行动的关键是读好书，让每个青少年学生都与经典同行、与佳作同行。读书的最终目标是会用书、善用书，读者能够利用从书中学到的知识和规律，增长才干、立德修身、服务人民、振兴国家、和洽自然、造福人类。阅读是在校青少年学生的主责主业，青少年学生更应该成为全民阅读的主力队伍、榜样群体。

——摘自《为国家和民族培养优质的“读书种子”》，光明日报，2023年4月18日。

学是基础，学以致用才是目的。一个优秀的职业人，既要做到博学、善学、恒学，又要做到勤练、活用、笃行，把知识转化为技能、转化为行动、转化为实实在在的成果。职场是竞技场，职场中的“习”需要我们多练、多悟。

（三）从“自我”到“客户”

进入职场前，家庭和学校的成长环境都是以培养人才为核心任务，这容易让大家养成以“自我”为中心的习惯。然而，在职场上，我们是工作人员、服务人员，必须以自己的服务对象为核心，把客户的需求放在第一位。

这里的客户既包括内部的客户，也包括外部的客户。内部的客户是我们工作中的领导、协作者，外部的客户是产品或服务的购买者、消费者。从企业内部来讲，工作岗位对你所有的工作需求就是你的价值所在，满足领导与同事这些内部客户工作需求的过程就是自我价值创造的过程。从企业外部来讲，购买和使用企业产品或服务的客户，是企业赖以生存和发展的基石。客户购买和消费企业产品或服务的过程，则是企业为社会、为客户创造价值和实现自身价值的过程。

在职场中，如果以自己为中心、以自己满意为出发点，就容易出现不符合工作岗位要求的行为。一个优秀的职业人会以客户为中心，尽量让客户满意和感动，帮助客户成功。

（四）从“动机”到“效果”

良好的动机是做一件事情的起点，加上正确的说法和正确的做法，就能到达正确的终点——取得良好的效果。动机需要出于善念，说法和做法也需要符合客观规律。有一个好的起点很重要，但好的动机不是事情的全部，我们还需要在好的动机下，取得理想的效果。

动机和效果一般来说是一致的，即良好的动机会产生积极的效果，不良的动机会产生

消极的效果。但在现实的工作中，受某些因素的影响，动机和效果也会出现不一致的情况，即使在良好的动机下，结果也可能因受到一些不可控因素的影响而不理想，甚至比较糟糕。当出现这种动机与最后想要的结果不一致时，我们需要认真检讨自己的问题出现在何处，写心得，总结经验教训。而一味地强调自己的良好动机，甚至表现出委屈，乃至产生抱怨情绪，则是一个员工不成熟的表现。

企业的发展是靠一个个好的结果联结起来的，企业的每个员工都需要在观念上实现从“良好动机”到“达成满意效果”的转变，在建立良好动机的前提下把良好的结果、效果作为工作的落脚点和目标。

（五）从“个人”到“团队”

美国著名的人际关系学大师戴尔·卡耐基曾说，专业知识在一个人成功中的作用只占15%，而其余的85%则取决于人际关系。在职业发展中，很重要的人际关系就是个人与团队的关系。初入职场，我们要实现从个人意识向团队意识的转变。

一个优秀的团队必须有共同的价值观、共同的目标，每个成员都有为团队担责的意识，有为团结奉献的精神，有敢于对团队的工作效果高度负责的优秀品质与精神，成员要非常认可团队的价值观，能将个人的目标融入团队的总体目标中，成员间能形成优势互补，密切合作。

“没有完美的个人，只有完美的团队”。每个人都有这样或那样的缺点与不足，但在团队中，通过合理分工，可以做到扬长避短、优势互补，发挥最大的效能，产生一加一大于二的效果。

在职场中，你时而会看到有人会抱怨找不到有归属感的单位。换个角度来看，与其成天抱怨自己所在的团队不行，不如努力创建有归属感的团队。如果我们经常反思为自己的团队贡献了什么，我相信，你所期待的归属感迟早能找到。

（六）从“以为”到“事实”

“以为”是一种假想和主观的猜测、判断，而“事实”则是客观存在的事物与实际情况。人们主观的想象和猜测往往与实际情况有较大差距，而“以为”也成为一些人对自己工作错误进行掩盖的“口头禅”。出现这种现象的原因主要有两方面：一是形成了不正确的思维模式，二是习惯性地找“借口”。一个优秀的职业人要学会一切以事实为依据，不主观臆断，不找任何借口。

第二节 提升职业化水平

大学生在校期间应努力提升自己的职业化水平，以适应这个社会。

一、职业化的含义

职业化是社会判断某个从业者是否专业、可信的重要依据，是一种工作状态的标准化、规范化、制度化的外在表现，即在合适的时间、合适的地点，用合适的方式去做合适的事，说合适的话。每个行业、每个企业、每个职能对职业化的具体表现都有所不同。对于职业化，我们可以通俗地理解为职业人的言谈举止符合目前职业对他的要求，包括工作技能、工作态度、工作形象以及工作道德。一个人的职业化程度决定着他的职业生涯高度。

二、低职业化水平的表现

微课

初入职场需要注意的问题

一些初入职场的大学生感到适应职场环境困难，这与职业化水平不高有相当大的关系。他们在责任意识、工作态度和人际交往能力等职业素养方面主要存在以下问题。

（一）时间观念不强

有的刚入职场的同学在工作中偶尔会出现迟到的现象，他们甚至在拜访客户、开会、参加培训等重要工作场合也会迟到，还以住得远、路上堵、下暴雨、天气热等理由辩解。这是职场新人没有养成基本责任心的一种表现，他们还没有意识到这些“小”问题关系着他们能否在职场顺利生存的“大”问题。这种不负责任的态度可能会让他们丧失很多的工作机会。

（二）拥有一颗易碎的“玻璃心”

有的职场新人心思敏感，在工作中总觉得别人在盯着自己，针对自己。这样的人只要被领导批评，负面情绪就会一下子涌上来，觉得领导对他有意见、不满意，表现出不服气、很愤懑。有时他们对领导一个不经意的眼神也会琢磨是不是自己今天的工作没有做好。

如果对别人的无意之举太敏感，过度解读他人的言谈举止，就会让自己活得过于小心翼翼，平白无故给自己增加压力，长此以往，会严重影响自己的工作效率。

（三）不懂拒绝，职场“老好人”不小心成了职场“背锅人”

所谓的职场“老好人”，就是在没有明确自己的工作职责及自己的能力，没有分清与同事之间分工与合作界限的情况下埋头工作的人。职场“老好人”的表现主要是只要是公司领导交代的和同事要求帮忙处理的工作任务就全部接收。其结果可能是，自己的时间被全部打乱，工作经常处于混乱状态；帮助别人处理的事情也没做好，给人留下不会做事的印象；自己职责范围内的工作也没有做好，受到领导的批评指责，给领导留下工作效率低下的不良印象。之所以出现这种情况，是因为这类人没有清楚地了解自己的岗位责任和任务内容，没学会委婉地拒绝那些自己能力范围外、职责范围外的工作；在工作中找不到自己的方向，每天忙忙碌碌，抓不到工作的重点。

（四）工作中缺少复盘，同样的错误重复犯

对职场新人来说，接触的新事物多，学习的工作内容多，其需要对重要的工作流程以及容易造成工作差错的重要环节做提醒记录，不仅要记录工作中的要点，还需要对每天的工作内容进行复盘，总结做得好的部分，分析做得不如意的地方，学会从第三人称的视角来审视整个事件，学会主动发现问题并及时找出解决问题的方案。

（五）急功近利，投机取巧

有些职场新人接触到一些成功的职场人士后，总在设想自己有朝一日迎来自己的人生巅峰。于是，他们期望快速成长、快速致富，甚至在工作中无视规则，不择手段，把自己的聪明才智用在一些投机取巧的事情上。其实，每个企业的成功，都是初创团队一步一个脚印、艰辛打拼来的。大学毕业生不要为了一时的成功，丢掉自己的职业道德，丧失做人的底线，沦为人们所唾弃的人。

三、提升职业化水平的策略

（一）干一行，爱一行，做好本职工作

职场上有两类人：一类人是总是在找工作，找一份自己喜欢干并且收入可观的工作；而另一类人则是每一份工作都能干好，不管这份工作自己是否真的喜欢。很多职业人并没有那么喜欢正在干的工作，但他们依然会全力以赴地把工作做好。而找借口的人会做不好工作，领导和同事会因此不认可其工作能力，结果就是频繁地找工作。

工作的三种境界：用力、用心、用脑。用力工作，就是努力去做，尽力去做，下大力气做好工作。用心工作，就是全身心地投入工作中，体现的是工作态度和工作责任心，这是一种境界，凡事用心就不难。用脑工作，就是在工作中多动脑筋，多想办法，创造性地完成任务。每个人都需要在实践中不断提升自己的工作能力，用心、用脑工作。

在职业生涯初期，我们最应该做的事不是努力寻找自己喜欢的工作，而是努力喜欢自

己正在做的工作，努力做好自己所从事的工作。

（二）接受工作时了解清楚要求

我们作为职场新人，需要向有经验的同事和领导多咨询，利用各种途径查阅与工作内容相关的资料，充分吸收他人的工作经验，以减少自己的试错成本，快速提高自己的工作能力。

当接受一项工作任务时，我们需要主动了解自己的工作内容，工作中涉及的人、财、物等相关资源的调配和使用，自己拥有的工作权限和工作职责……有的职场新人因对自己的工作内容和具体权限不明确，在工作中出现了越界越权行为，给企业、给个人造成了不良影响。

（三）请示工作时提出自己的方案

职场有一句经典的话：不要让领导做问答题，要学会让领导做选择题。我们向领导请示工作时一定要做好准备，提出解决问题的思路，甚至准备多套解决问题的方案。我们要清楚，领导只是协助你做出决策的人。

精准发现问题、高效解决问题的能力可以高度反映出一个职业人的主动性、专业性、责任感。学会在工作中挖掘自己的潜能，提升自己的职场价值，是每一个职场新人需要学习和磨炼的。

（四）犯了错误勇于担责，不推卸责任

工作中不可避免地会犯错，如果我们因为工作失误给客户和企业造成了损失，一定要勇敢地面对错误，积极采取合理的补救措施，如进行经济补偿、给客户赔礼道歉等。我们要学会主动承担错误，及时对整个过程复盘，找到导致失误的原因，把复盘后的心得记录下来，告诫自己，也可将其作为案例分享给团队成员，让团队避免犯同样的错误。

做勇于承担责任的员工

医药连锁药店的健康顾问经常面临药品损耗这个难题。一般大型连锁药店对药品损耗的处理模式是：企业和员工共同承担。例如，有些企业规定，企业负责 30% 的损耗，药店员工负责 70% 的损耗，计算损失是按照进货成本的价格计算的。具体店内的赔偿是按照每个人在店的时间和每个人的权重计算，如店长 1.2、班长 1、正式员工 0.8、实习生 0.5 等，当然，企业不同，这个权重是有差异的。

药店药品有损耗是一种正常现象，有些是合理的损耗，有些是因为工作人员的工作不认真造成的损耗，因此，由企业和药店职员共同承担这个责任是有一定道理的。店员需要经常反思药品损耗异常的原因，并有效找到解决问题的方案，把这个损耗降至最低，这是店员的工作职责。当出现超出常规的损耗时，我们作为药店的一员，就需要勇于承担责任，并积极思考有效降低损耗的办法，力争在以后的工作中达到药品损耗的最低标准。

犯错之后勇于认错，主动弥补由错误造成的各种损失，是职业人应做到的。但一些人在犯错之后，首先想到的是把这个责任推给团队里的其他人，这种行为不利于成长。也可以说，推卸责任是一种放弃成功的表现，喜欢推卸责任的人总能为自己的不成功找借口，会离成功越来越远。而那些在工作中勇于担责的人会经常查找自身的原因，在查错、改错中得以迅速成长。

（五）学会有效沟通

在我们的工作关系中，沟通是必不可少的。

部门的工作安排有日计划、周计划、月计划、年度工作计划，实际上工作会受诸多因素的影响，计划也会随时调整，这就需要我们针对工作中的变化与领导、合作伙伴沟通。工作中的这种沟通需要让相关的人及时了解工作进度及工作计划调整后的细节，便于其他岗位的人员进行配合支持，也便于集思广益，找出更有效的工作方式，最终取得理想的效果。

在现实中，我们经常做一些无效沟通，有的是因为个人表达能力有限；有的是因为个人对相关事情不了解。所以，在进行沟通前，如果发现对方没有做任何准备，建议暂缓沟通，重新约时间。那么，我们应如何尽量避免工作中的无效沟通，提高沟通效率呢？

1. 清晰、简洁地传递信息

一般传达信息需要包括三项内容：信息、思想和情感。思想和情感往往会被忽略，但有时思想和情感的传达比信息本身更重要。传递信息时还需要注意传递信息的方式、时间、内容的准确度、信息接收者等。例如，企业向新员工传递企业文化，传递的不仅仅是信息本身，还有思想和情感，目的是让新员工通过企业的种种行动，从思想上、情感上接纳这个企业的文化。

2. 沟通中学会认真倾听

认真倾听是沟通的一个重要部分，懂得如何倾听的人更容易赢得对方的好感，赢得友谊。在倾听中，不要随意打断别人说话，要适时做出回应，让对方知道你在倾听，并仔细观察对方的肢体语言。

3. 积极反馈

沟通中积极有效的反馈是必不可少的。给予对方的反馈要有针对性，或针对对方的需求，或针对沟通的内容。反馈要具体、明确，不能让人听着不知所云。特别是在需要表达一些否定的反馈信息时，一定要掌握分寸感，考虑到对方的感受，尽量不挫败对方的积极性。提出的反馈信息要对事不对人，不可以对他人进行人身攻击，也不能对整件事进行全盘否定。

（六）不断提升自身的知识和技能

孔子说："学而不已，阖棺乃止。"意思是我们每个人都要活到老，学到老。

我们正处在日新月异的职业环境中，信息化加速了技术的更新，新知识在不断产生，知识传播的方式也在变化，我们需要持续、主动地追求新知识，以适应职场对岗位的要求，防止自己被社会淘汰。在这个快速变化的时代，没有终身职业，只有持续学习。

在工作实践中，我们可以将身边所有人作为自己的学习对象，只要对方有一个方面优于自己就值得我们学习。我们应以能者为师，以先者为师，以快者为师。

在职场上，不断提升自身的知识和技能，可以更好地发展自己，创造更美好的生活，更好地享受生活。

第三节 职业发展

职业世界瞬息万变，个人的职业发展不局限在某个企业的某个岗位，人的一生可能经历多次职业的变更。我们在制订职业生涯规划时，需要把精力放在自我价值的提升上，主动提升自身的职业适应能力，如创意能力、资源整合能力等，主动提升在变化的职业世界中寻找新的工作机会的能力。所以，职业生涯规划的制订不是一成不变的，它需要在工作实践中将自身的需求与职业环境不断进行匹配，并做出适当的调整。

一、明尼苏达工作适应论

选择很重要，但选择后的适应才是最终实现匹配的途径，我们可以看到很多来自现实生活中的案例。例如，一开始，我们选择了喜欢的专业、喜欢的工作和喜欢的生活环境，然而，我们真正进入这个领域一段时间后，就会改变对当前的专业、工作、生活环境的认知。引起变化的因素千差万别，为什么会发生这种现象呢？明尼苏达工作适应论（见

图 7-1）很好地解释了这一切。

明尼苏达工作适应论是戴维斯（Dawis）等人在 20 世纪 60 年代提出的。该理论认为：选择职业或生涯发展固然重要，但就业后的适应问题更值得注意，尤其对职场新人来说，在工作上能否持续稳定，对他们的生活、工作中的自信心以及未来的职业发展方向都是非常重要的。戴维斯等人从工作适应的角度，分析影响工作适应的因素。他们认为每个人都会努力寻求个人与工作环境之间的这种适应性，如果工作环境能满足个人的需求，个人又能顺利完成工作上的要求，那么，这是工作适应性高的表现。

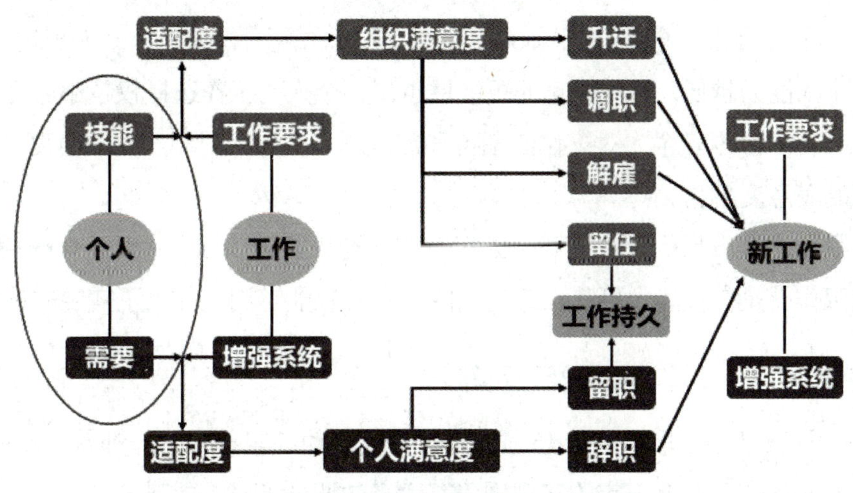

图 7-1　明尼苏达工作适应论

在图 7-1 中，明尼苏达工作适应论把这种适应分成了两个部分：一部分是组织满意度，组织对个人的工作表现符合组织对个人的期待，这个期待值将影响个人的工作去留问题；另一部分是个人对组织的满意度，同样影响个人在单位去留的意愿。工作适应论已将其重点扩展至个人与工作环境的适应问题，强调就业后个人需要的满足，同时考虑到个人是否达到了工作环境对个人能力的要求。

（一）组织满意度

在工作中，个人与组织是否匹配，会在招聘过程中得以体现。用人单位的招聘告示会提到本单位需要招聘的岗位，每个岗位具体的招聘要求有哪些，求职者与招聘岗位要求的符合度越高，个人与组织越匹配，组织满意度则越高。个人与所招聘的岗位是否匹配，用人单位可以从简历中了解个人基础信息及求职意愿，个人技能、教育背景、工作经验、个人特点等信息在简历中也会呈现。所以，整个招聘过程就是一个工作匹配的过程。

工作一段时间后，组织会将根据岗位需求与个人的工作现实表现进行一个比较客观的评估。评估后，个人有可能出现以下四种工作状态：

（1）留任。继续做这份工作，个人的工作表现得到了组织的认可。

（2）升迁。个人的工作表现持续超出组织的满意度，就会得到升迁。

（3）调职。如果组织发现你的技能更适合另外一个工作岗位，就会帮助你调岗。

（4）解雇。如果你长时间不能够达到组织的要求，就有可能被组织解雇。

（二）个人满意度

影响个人对工作满意度的因素有很多，包括工作环境、人际关系、个人能力高低、薪资水平等。制约和影响个人满意度的因素有以下两个：

（1）个人能力因素。个人技能越高，个人可选择的范围就越广，个人表现的主动性越强；相反，个人能力越低，组织满意的可能性越低，个人的工作选择权越小。

（2）个人需求因素。个人对工作的期待和需求越高，个人对组织的满意度越低；反之，个人对组织的满意度越高。

个人对职业生涯发展的满意度和个人拥有的技能成正比，和个人对工作的期待成反比。一份合适的工作就是在你能力可胜任的范围内，同时也能够满足你当下需要的选择。

二、理性看待工作中的职务变动

在职业生涯发展中，职务的上升、职务的平级调动和职务的下降都属于职业生涯的发展。每一次的职务变动都有一定的客观因素。大多数职务变动是推动职业生涯向上发展的，有时职业生涯也会走曲线，我们需要理性地看待每一次的职务变动。

（一）职务（职称）变动下的职业生涯发展

1. 晋升

一个人的职务或者职称上升了，这是职业生涯重要的上升象征，表示个人的知识和技能有了较大的提升，也得到了职业环境的充分认可，这是职业的一种发展。

2. 调动

有时候，我们的职业发展并没有职务或职称的上升，只是平级调动，从原来工作的部门调到另一个部门，这种情况也是职业生涯发展的一种表现形式，这是职业的横向发展，扩展了个人的业务能力，拓展了职业生涯的横向发展空间。

3. 职务下降、失业

人的一生很难是一帆风顺的，我们的职业生涯也会遭遇到一些挫折，导致生涯发展路径往下走。这分以下两种情况：

（1）个人犯错误、受处分、被降（撤）职。我们在工作中出现失误是不可避免的事，

最重要的是需要从自己的失误中吸取教训，提高自身的综合能力，尽量避免以后出现类似的失误；但如果犯了比较严重的错误，受到组织的处罚和处分，就需要端正自己的态度，虚心接受组织给予的处理结果，并积极努力适应新的工作环境和工作内容，用自己的行动弥补因自己的失误给企业造成的损失，也可以及时扭转职业生涯的路径，继续向前走，向上走。

学会在错误中成长是一种生涯智慧。职场新人是很容易犯错误的，有时犯很严重的错误，此时必须求得别人的谅解，但如果别人不原谅你，你也一定要原谅自己，要学会自己排解，积极地从受挫的阴影中走出来。

（2）非个人因素导致职务调整或待遇下降、失业。造成这种情况并不是因个人犯了错误，有的是因市场经济环境发生了改变，有的是与职业相关的新政策出台而导致业务部门压缩、合并等情况相关，此时，我们一定要学会及时调整自己的职业生涯规划，学会理性地接受现实，适时调整到新的职业领域，挑战不同的工作内容，接受并快速适应新的工作环境，以一个新人的姿态接受新领导的管理，学习他们的经验，以全新的面貌融入新的工作中。

（二）非职务变动的职业生涯发展

一个人职业生涯的发展是多方面的，有时体现为职务职称的调整，而更多体现为非职务变动的生涯发展。一个关注自己的内职业生涯充分发展的人，会更关注以下几个方面的发展。

1. 工作范围的扩大

曾经有这么一道职场考题：当直属领导要求你去完成一些不在你工作范围内的事情，并且不提供相应的报酬和职位时，你会怎么办？此问题引发了广大网友的热议。下面我们从内职业生涯发展的角度来分析这个问题，你的直属领导让你做一件不在你职责范围内的事情，说明你的领导很看重你，他认为你有能力把这件事情做好，这对你来说是一个非常好的机会。如果你能尽全力把这件事情做好，那么，在领导眼里，你是一个值得依赖的人，也是工作能力很强的人。在组织需要从员工中提拔管理者时，领导可能会优先考虑到你，这就为自己增加了职业生涯发展的机会。当然，前提是你的能力和精力能够做好这些工作职责范围之外的事情。

扩大工作范围可以给自己的职业生涯发展提供更多的可能性。现在年轻人喜欢尝试多种可能性，在自己不同的特长领域去工作、去尝试，在工作实践中找到自己擅长的工作，再把工作重心放在这些更符合自身特质的工作方向予以重点发展。

2. 工作意识的改进

工作意识的提高也是一种职业的发展，主要体现为工作的职业意识，以及工作上的主动性和服务意识。

我们作为食品行业、药品行业的从业人员，首先要树立大健康的理念，无论是食品还是药品，都是要为广大顾客的健康保驾护航，把食品安全和药品质量安全摆在第一位。

要提高工作的积极性和主动性，安排好自己的工作时间，熟记工作流程，厘清事情的轻重缓急，工作完成后及时复盘反思，改进工作方法，提高工作效率。

无论你是一名基层员工、中层领导还是企业负责人，都应该具有一定的服务意识。工作中的服务意识如同搭建起的与客户、同事沟通的桥梁，能帮助我们的职业生涯向前、向上发展。

3. 工作方法的创新

很多人在一定程度上因循守旧，受到思维定式影响，不敢突破“惯例”，工作上创新性不足。

我们生活在信息化时代，运用现有的信息化手段对工作方法进行创新，同样能提高工作效率。例如，在新冠疫情防控中，国家新冠疫情防控小组不断尝试用各种信息化手段来做好疫情的防控工作。正是因为在工作上不断地创新，“健康码”将我国的十四亿人口给统管起来了，各地疫情防控部门联防联控，让疫情在短时间内得到有效的控制，大大地减少了工作人员的统计工作，也降低了疫情扩散传播的风险。

总之，个人与工作之间存在互动的关系，个人与组织的适应性是互动的产物，个人的需求会变，工作的要求也会随时间或经济形势而调整，若个人能努力维持其与工作环境之间符合一致的关系，则个人工作满意度会高，在这个工作领域也会持久。

三、职业发展的特点

市场经济社会有着节奏快、机会多、竞争激烈、充满变数的特点，随着我们进入知识经济时代，产业结构、行业结构、社会结构以及由此决定的职业结构发生了巨大变化。职业发展的趋势越来越呈现高科技化、智能化、专业化和综合化。

1. 职业高科技化

高新科技的主要特征是高效益、高智力、高投入和高风险。我国重点支持的高新技术领域有八个：电子信息技术、生物与新医药技术、航空航天技术、新材料技术、高技术服务业、新能源及节能技术、资源与环境技术、高新技术改造传统产业。随着科学技术的迅猛发展，与高新技术有关的职业得到快速发展，同时也促进高新技术的新职业增多，为就

业提供新的机遇。

2. 职业智能化

职业智能化是指在职业活动中，体力劳动的比重减少，脑力劳动的比重增加，体力劳动脑力化，甚至脑力劳动完全代替了体力劳动。2022 世界人工智能大会治理论坛上，中国科学技术信息研究所发布了《2021 全球人工智能创新指数报告》。该报告显示，全球人工智能发展呈现中美两国引领、主要国家激烈竞争的总体格局。中国人工智能发展成效显著，人工智能创新水平已进入世界第一梯队，与美国的差距正在缩小。中国人工智能企业的数量和融资规模均居全球领先位置。截至 2021 年 9 月，中国共有 880 家人工智能企业，排名全球第二，较 2020 年同比增长约 7%。职业的智能化下各种就业岗位对单纯体力劳动者的需求量明显减少，人工智能已经在很多的工作场景中得到了很好的应用。

3. 职业专业化

职业专业化是指职业分工越来越细、越来越专业，社会对职业的专业技术水平要求越来越高。职业专业化的特点之一是各种相应的工作岗位需要受过专门培训、接受专业教育、掌握更新技术的人。用人单位对从业人员的知识水平、知识结构的要求越来越高。例如，对于医药行业的从业人员，具有相关专业学习背景及资格认证才能上岗。

拓展阅读

药品行业的职业专业化

《中华人民共和国药品管理法实施条例》第十五条规定，经营处方药、甲类非处方药的药品零售企业，应当配备执业药师或者其他依法经资格认定的药学技术人员。经营乙类非处方药的药品零售企业，应当配备经设区的市级药品监督管理机构或者省、自治区、直辖市人民政府药品监督管理部门直接设置的县级药品监督管理机构组织考核合格的业务人员。

4. 职业综合化

职业综合化是指职业之间相互交叉、重叠，职业对从业人员的知识经验、能力与素质等要求越来越全面。例如，药品销售员不仅要掌握推销的知识和技巧、药品的治疗作用、药效产生的原理、禁忌事项及临床使用时的配伍等药品相关的知识，还需要具备公关能力。职业综合化对就业人员提出了更高的要求，综合能力强的人才更受用人单位的青睐。

四、职业发展的空间

一个人的职业发展空间在很大程度上由自己的工作结果决定。完成工作的完整度决定了你在行政管理的级别，下面以办公室行政秘书的一份日常工作“会议纪要”（见表7-2）为例讲解。

表7-2　会议纪要工作结果认定水平

工作结果认定水平	适合职业角色	工作内容的完整度
入门级（一级）	打字员	只会把会议中的发言者说的话记录下来，将声音信息转变成文字信息，即完成任务
初级（二级）	秘书	给领导提供一份文字正确、排版漂亮的会议纪要
管理级（三级）	管理者	能给领导提供一份可以作为管理案例的文件，将领导的管理理念、管理方法标识得清清楚楚；该文件将来可能成为公司文化和管理制度、流程的组成部分
输出者（四级）	培训师	将这份会议纪要的一部分内容提炼出来，经过领导认可后，作为企业员工培训的重要内容，成为公司管理体系、员工培训体系的组成部分
归纳、分析、整理、延伸（五级）	科研人员	将会议纪要的内容纳入自己的研究课题，从发现问题，分析问题产生的原因到寻找解决问题的方法，与相关人员进行沟通交流，并在实施过程中继续优化方案，达到最佳的效果；能形成一篇研究型的文献资料，将文章在相关的刊物上进行发表，以影响更多的人

在表7-2中，我们可以把“会议纪要”工作上升到一个很高的层次。同样，对于医药行业里的一些普通岗位，如仓库管理，你除了按要求完成货物的收发工作外，还可分析全国每个区域各种药品的发货及退货情况。在这个工作过程中，你不仅能积累一笔非常可观的客户信息资料，了解全国有哪些大型医药批发企业及大型医药连锁企业，了解它们的销售规模及药品销售的喜好程度，还可以分别从地域差异、消费者的消费习惯等方面进行分析、归纳、总结。获取的这些信息能够运用到多方面，帮助你即时监控仓库管理的需求情况，分析市场需求态势。当你有机会转岗到销售岗位时，就拥有了第一手的客户资源及市场信息。形成的分析报告还可以提供给企业的销售团队，让他们根据这些市场信息调整产品战略及价格战略，这能提升企业对你能力的认可度，拓宽自己的职业生涯领域。

校友故事分享

因为热爱，我的职业生涯之路越走越宽

——湖南电视大学省直属分校湖南省医药学校吴健民

我原名吴建民，自从与医药结缘，就将名字改为了吴健民，期待自己的一生在“健民”这个事业上有所成就。

我是1990年考入湖南电视大学省直属分校湖南省医药学校（现更名为湖南食品药品职业学院）药学大专班，我的母校那时还是一所中专学校（后升格为大专院校），学校为了让我们受到更好的教育，聘请了省内的知名教授为我们授课，虽然是专科文凭，但是我们专业学得扎实，在校期间我还有幸担任了学生会副主席，综合素养得到了全面的提升，为日后的职业生涯发展奠定了良好的基础。

1993年毕业后，我进入中美合资湖南麓山制药有限公司工作。当时能进入合资企业工作的人都是时代的弄潮儿，同时入职的员工里面有几名来自华西医科大学、南京药学院等大学的本科毕业生。入职初期，自己因为文凭比其他同事低，有一定的心理落差。但我是一个务实的人，对自己的定位也很清楚，很快就适应了这份工作。最初我是在药品生产一线工作，参与制药的配料、压片、填充胶囊、内包、外包、中药提取、精制等基础性的工作，获得了宝贵的生产实践经验。这些基层实践工作为我后阶段在片剂包薄膜衣、银杏叶提取精制工艺技术研究方面奠定了基础并取得了丰硕成果，为公司创造了数千万美元的外汇收入，赢得了公司董事长的认可，在我入职后的第一年被提拔为车间主任，第三年被提拔为公司的生产厂长。

1999年3月，我应邀加盟湖南康普制药有限公司，先后从事生产管理和研究工作。在任总工程师分管生产工作阶段，我带领工作团队发扬敢为人先的精神，经过10个月努力工作，使康普制药率先通过国家药监局组织的GMP认证，从此康普制药的发展步入快车道；技术上攻克了感冒药快克微丸生产工艺并产业化，成功研制了治疗胃溃疡、十二指肠溃疡新药奥美拉唑肠溶微丸胶囊并产业化，获得国家发明专利，累积为企业创造20亿元产值。担任研发总经理后，主持研究获批的药品有注射用头孢噻肟钠、苯磺酸氨氯地平片、辛伐他汀片、盐酸氨溴索注射液、马来酸桂哌齐特原料、非布司他原料，总共获得20多项发明专利。期间，我还主持过两项获得国家发展改革委、财政部2 000万元资助总投资约2亿元药品建设项目。

现在，我和志同道合者创办了湖南协创药品开发有限公司并兼任董事长，2021年晋升教授级高级工程师，带领一批药学、医学方面的专家学者从事药品创新研究，与一些企业、院校开展产学研合作，获得了显著的社会效益和经济效益，彰显了个人价值和社会价值。

没有一个人的职业生涯规划是一成不变的，我们需要针对自己的自身条件和现实情况不停地进行匹配和调整，找到最适合自己的职业发展路径。

职业生涯之路是坎坷的、险象环生的，同时也是充满机遇、绚丽多彩的。希望同学们在自己的职业生涯的道路上不断探索，不断学习新知识，确立好自己的职业生涯目标，在工作中取得一次次的进步和成长，赢得幸福快乐的人生。

拓展实践

实践一 自我职业生涯状态和能力评估

一个人一生的职业发展道路就好比一张地图，每一条分叉会通向不同的目的地。而职业生涯评估能不时地帮你确定位置和目标，帮你看清优势和险境，帮助你做决策，朝着你理想的生活方式一步步靠近。每两年，你需要对自己的职业生涯状态和职业能力进行一次评估，当处于劣势的指标超过 1/3 且是你在工作中必备的基本技能时，你就需要及时调整职业生涯规划：提高目前处于劣势的能力，寻找更符合你目前能力水平的职业。请对你当下的职业生涯状态和能力进行自我评估，如表 7-3 所示。

表 7-3 自我职业生涯状态和能力评估表

项　目	自我评价
1. 我清楚自己的兴趣（我的兴趣是：＿＿＿＿＿＿＿＿＿＿＿＿）	优 可 劣
2. 我把自己的兴趣安排在生活中	优 可 劣
3. 我把自己的兴趣安排在工作中	优 可 劣
4. 我把自己的目标安排在生活中	优 可 劣
5. 我把自己的目标安排在工作中	优 可 劣
6. 我的人际能力	优 可 劣
（1）说的能力	优 可 劣
（2）听的能力	优 可 劣
（3）说服能力	优 可 劣
（4）社交能力	优 可 劣
（5）领导能力	优 可 劣
7. 我的策划能力	优 可 劣
（1）文字能力	优 可 劣
（2）创造能力	优 可 劣
（3）协调能力	优 可 劣
（4）组织能力	优 可 劣
（5）寻找信息资料的能力	优 可 劣

续表

项　　目	自我评价
8. 我的其他能力（可以根据自身的情况进行增减）	优　可　劣
（1）外语听	优　可　劣
（2）外语说	优　可　劣
（3）外语读	优　可　劣
（4）外语写	优　可　劣
（5）数学能力	优　可　劣
（6）美工（空间关系）的能力	优　可　劣
（7）学习新事物	优　可　劣
（8）我的仪态	优　可　劣
9. 我的工作习惯	优　可　劣
（1）秩序性	优　可　劣
（2）持续性	优　可　劣
（3）合作性（与人共同合作或自己独立工作）	优　可　劣
（4）变化性（工作有挑战性与变化）	优　可　劣
（5）责任感	优　可　劣

实践二　你在工作中的情商如何?

如果是在真实的职场，你的情商会如何呢？下面这个测验会对你有所帮助。请测试者诚实地回答下列问题，预估你的同事、领导和下属如何评价你。4 分表示非常赞同，3 分表示比较赞同，2 分表示差不多，1 分表示不同意。

（1）我通常能保持镇定、乐观、冷静的态度，即便在紧要关头。

（2）我能在压力下保持清晰的思维，集中精力处理手头的工作。

（3）我能承认自己的错误。

（4）我通常或总是能履行承诺和遵守诺言。

（5）我负责实现自己的目标。

（6）我在工作中条理井然和小心仔细。

（7）我经常能从各种来源中获得新思想。

（8）我擅长出新主意。

（9）我能顺利地处理多方面的要求和变化的工作。

（10）我注重结果，有实现自己的目标的强大干劲儿。

（11）我喜欢具有挑战性的目标，并愿意为实现这些目标冒成败参半的风险。

（12）我总设法学习如何改进自己的工作业绩，包括向比我年轻的人请教。

（13）我随时准备为实现一个重要的集体目标牺牲。

（14）公司的任务是我理解并能支持的事情。

（15）我所在小组的工作价值影响我的决定，并明确我的选择。

（16）我积极寻找机会来促进实现组织的总目标，并争取其他人的帮助。

（17）我追求的目标比我当前工作所要求的或所期望的更高。

（18）障碍和挫折会使我耽搁一阵了，但它们阻止不了我前进。

（19）我认为修改过时的规则有时是必需的。

（20）我追求新观点，即使那意味着尝试全新的事情。

（21）工作时我能抑制住我的冲动和沮丧情绪。

（22）当情况发生变化时，我能够迅速改变策略。

（23）获得新的信息是我减少不确定性和把工作干得更好的最佳途径。

（24）我通常不把挫折归因于个人的缺点（自己的或他人的）。

（25）我怀着成功的期望而不是害怕失败的情绪做事。

结果说明：

如果以上25项得分累计低于70分，则意味着你的职场情商有点问题。如果你的总分偏低，也请不要灰心，情商是可以通过职场历练来提高的。

第八章 职业生涯管理

学习引导

每个人都会有自己的生活和职业，这一生到底怎么度过？这是生涯管理的问题。生涯管理是个体去规划一个有意义的人生，并努力去实现有意义的过程。我们的人生价值是在为社会做出贡献和对个人价值不断认知的过程中实现的，这个过程也就是我们的职业生涯。

学习目标

1. 了解：职业生涯管理的概念、内容及目标。
2. 熟悉：职业生涯阶段的特点和管理策略。
3. 掌握：职业生涯阶段管理的核心和机遇管理的方法。

案例导入

职业生涯管理体系助力员工扎稳脚跟

某国有企业下属分公司的人力资源部总经理周某被一件事情所困扰：本公司招聘来的大学生陆续被其他企业挖墙脚。据统计，单位内入职3年以上的大学生员工流失率一直在25%以上，而且大学生员工的离职还带动了其他骨干员工的流失，大大影响了该单位下一步要实施的规模扩张战略。企业领导要求人力资源部必须在1个月内提出解决问题的良策，这让周某倍感头痛。

经过深入了解后，周某发现，企业虽然在员工的业务技能、专业知识等培训上投入了巨大的精力和物力，但一直没有用心识别员工职业发展的内在需求。员工要想得到发展，需要“自己搭台”才可能脱颖而出。而随着“90后”大学生员工逐步成为企业骨干，管理者逐渐发现：如果仅依赖培训发展员工，总是在为他人做嫁衣。

细数“90后”大学生员工，他们大多已经基本具备熟练的工作技能和经验；他们敢于面对未知的新事物，有创新意识；在特定大环境下成长的他们独立意识较强，眼界开阔，不满足于单一的生活或工作；他们对自己的未来有很高的要求，但大部分人却看不清自己的现状和周围的环境，缺乏清晰的职业生涯目标。这就决定了如果他们不能在组织中持续地获得成就感或满足感，他们的视线就会投向更大的范围去找寻机会。因此，人们总能听到他们对目前工作的不满和抱怨，总能看到他们中的一些人频繁跳槽或换岗，正是这种现象给现代企业在人力资源能力保持战略的落实工作上带来了新的挑战。

结合上述，周某提出了企业应改变以前让员工“自己搭台、自己唱戏”的职业发展模式，建立“企业搭台、员工唱戏”的职业生涯管理体系。其核心思想是：帮助企业构建一个集人才评估、潜能反馈、职业生涯规划、培训计划、挂职计划、职位管理规范、选拔任用方案于一体的职业生涯管理体系，将其作为员工职业生涯发展的平台，让员工在该平台中不断地磨砺、展示自己，真正体会到“心有多大，舞台就有多大”。

议一议

（1）周某所在的企业被“挖墙脚”的原因是什么？他是如何解决这个问题的？

（2）在你的职业生涯中遇到过什么样的际遇或挫折？你是如何应对的？

第一节 职业生涯管理概述

一、职业生涯管理的基本内涵及主体

（一）职业生涯管理的基本内涵

1. 职业生涯管理的概念

职业生涯管理是指个人确定自己的职业发展目标，并为了实现职业发展目标而进行设计与开发的一系列活动的过程。它是个人和企业利用工作中的各种机会，采取各种职业发展策略和措施，建立个体与企业的双赢关系，形成紧密的利益共同体。它能使个人的发展目标与企业、社会的发展目标相互联系、相互协调，是一个为实现自己的职业生涯目标而积累知识、开发技能的过程。职业生涯管理分为两类：一类是个人职业生涯管理，另一类是企业职业生涯管理。本章所讲的职业生涯管理主要是个人职业生涯管理。

2. 职业生涯管理的意义

职业生涯管理有利于个人的全面发展，增强个人对所从事的职业的满意度，使职业生涯成为人们获得成功和幸福的一种重要途径和方式；有利于保持和提升个人的职业竞争力，保证个人获得足够的发展机会；有助于个人认清职业生涯目标，更好地发挥自己的潜能，为职业发展提供动力支持，更好地调动个人的积极性和主动性；有利于个人养成对环境和工作目标进行分析的习惯，学会合理地计划、分配时间和精力，完成每个阶段的任务；有利于强化对环境的把握和对困难的控制能力，帮助个人处理好工作中的各种问题，处理好职业生活和个人生活的关系，达到两者的最佳平衡点，从而实现更高层次的自我价值的提升。

3. 职业生涯管理的内容

（1）职业生涯规划。职业生涯规划在前面章节已有叙述，这里不再赘述。

（2）职业生涯开发。职业生涯开发是在职业生涯发展的不同阶段，将个人的长期发展与企业的长远利益结合起来，通过各种有计划、有针对性的活动（接受职业素质教育、技能培训和其他相关培训活动）开发个人潜能，提升个人与工作相关的知识、技能和行动。

（3）职业生涯监控。职业生涯监控就是对职业生涯规划实施的具体情况进行跟踪检查，收集反馈信息，以便及时做出评估与调整；协调好个人短期利益与长期利益、局部利益与全局利益、个人需要与企业需要之间的矛盾和冲突；对工作中的突发事件、意外情况采取紧急应对措施，以便更好地把握人生，保证职业生涯规划行之有效。

（二）职业生涯管理的主体

个人是职业生涯管理最直接的参与者和最基本的行动主体。

职业生涯管理建立在充分发挥个人的积极性、主动性和创造性的基础上。个人是职业生涯管理的计划者、组织者、协调者和控制者，是最终完成职业生涯目标的人。大学生在与社会的交互作用中，要表现出自主性和能动性；在职业生涯管理中，要发挥个人主体性作用，通过开展有关职业活动，进行自我实现，使自我得到相对全面的发展。

职业生涯管理强调个人的作用和个人参与职业生涯开发的自愿性，可以能动地开发个人的潜能，使个人的智力、品德和体力得到更好的发展。当今时代，每个人都是职业生涯管理的主导者，都可以通过彰显个人特质，展示自信与魄力，自主地、主动地、创造性地学习，把对职业生涯目标的追求与对生命意义的追求结合起来，通过职业生涯发展成就自我。

二、职业生涯管理的目标

职业生涯管理有三个主要目标：个人发展的成就最大化，终身构建人力资本，个人发展与企业发展、社会需要相结合。

（一）个人发展的成就最大化

职业生涯管理的目标就是实现个人发展的成就最大化，即通过对个人兴趣、能力和个人发展目标的有效管理实现个人的发展愿望。

职业生涯管理不仅要符合个人的发展需要，还应立足于人的高级需要。职业生涯管理能帮助个人养成对环境和工作目标进行定期分析的习惯，合理计划、分配时间和精力，强化个人适应环境的能力，使自我价值不断提升。随着职业生涯目标被多次提炼，职业生涯管理可以使个人的工作目标超越财富和地位，实现个人更高层次的价值。

（二）终身构建人力资本

职业生涯管理能通过培养职业生涯管理的技能来提高个人的就业能力，帮助个人终身构建人力资本。对个人而言，职业生涯管理能帮助个人分析和判断职业发展的机会，确定自我发展的目标，准确地定位自己，制订具体可行的发展规划，避免因认识偏差而对工作产生盲目性和片面性。对企业而言，它能够使员工明确努力的方向，找出员工职业发展的关键因素并加以充分利用和开发，减少不必要的精力损耗，使个人潜能得以更充分发挥。

个人所拥有的人力资本越独特，就越能为企业创造巨大的价值。例如，有的员工具有特定于该企业的技能，而且这种技能在劳动力市场上非常稀缺。那么，该员工就能为企业带来远远超出雇用成本和管理成本的利益。

（三）个人发展与企业发展、社会需要相结合

职业生涯管理应注重个体发展与企业发展、社会需要相结合，满足个人、组织和社会三方的需要。简单地“找一份理想工作”会导致职业生涯管理的功利主义，大学毕业生要认识到个人在漫长的职业生涯的每个阶段存在的典型矛盾和困难，并找出解决和克服它们的有效办法。在职业生涯管理中，大学生应引导个人目标与组织目标的方向保持一致，并在工作中脱颖而出。

个人要认真对待自己的职业生涯，应根据在工作中得到的反馈意见，把握企业所提供的工作轮换、职业发展和专业培训的机会来发展自我。当个人的职业生涯目标与企业的发展目标有机地结合起来时，职业生涯管理就会变得意义重大。

个人要发挥社会主流价值观在职业生涯管理中的导向作用，避免过分地关注自我的发展而出现职业生涯管理的功利化倾向。将个人发展、企业发展和社会需要统一起来，实现各方的共赢，可以大大提高职业生涯成功的概率。

三、职业生涯管理的核心

职业生涯管理要做到以下三点。

（一）学会归零

成功的人士在创下佳绩以后，能够谦虚务实，一步一步向巅峰攀登，最终取得成功。而失败者则是在收获了一份成就以后，便扬扬得意、不思进取，再也没有多大的成就。大学生要学会归零，换个方向，再次奋发，从此翻开人生新的一页。

把成功归零，重新再来，就是对自我状态的一次调整和对自身的一次新的审视。没有永远的成功者，只有一次又一次地从初学者成长为成功者的人。学会归零，就是让人们带着谦逊的态度和高度的热情回到起点，再次向终点发起挑战。职业生涯总伴随着成功与失败，有时顺境，有时逆境。遇到顺境时，应该懂得让自己归零，使自己戒骄戒躁；处于逆境时，也应该勇于归零，重新面对自己，振作起来，鼓励自己永不言败，赢回下一次的胜利。要想在职业生涯中取得成功，就要适时地归零，放下思想包袱，轻松上阵；积极钻研和学习新的事物，在不断归零的基点上让人生重新起航。

（二）与企业和社会的发展相适应

个人的职业生涯管理如果与企业、社会的发展相适应，个人获得职业成功的可能性将会很高。个人发展与企业、社会发展的和谐统一是个人职业生涯管理的关键。大学生在职业生涯管理中应做到择己所能、择世所需、择己所利。

1. 个人与企业的适应

个人的发展应该与企业的发展相适应。

第一，个人的发展离不开企业。只有企业有了良好的发展，才能给员工的发展提供良好的条件。员工要紧跟企业发展的步伐和方向，将个人的发展与企业的发展联系在一起。

第二，企业的发展离不开个人的奉献。在现代社会中，创新是企业发展的必由之路，企业需要不断地创新才能立足于市场；而人是创新的根本，个人的创新会推动企业的创新。

2. 个人与社会的适应

人是社会的人，需要承担和履行社会责任，任何人都不可缺少社会责任感。社会在很大程度上决定着个人的发展方向和远大抱负。个人职业生涯目标实现的条件是由社会环境所提供的。如果社会环境条件不允许，个人的职业理想怎么能实现呢？人们在自己工作岗位上有目的、有意义的活动，就是在推动社会发展的进程中留下自己的印记。

（三）人尽其才，才尽其用

国家的强大和企业的发展需要各种类型的人才，而人才也需要寻找发挥自己才智的地方。个人应利用好企业的环境和社会的环境，摆正心态，积极进取，早日成为企业的骨干员工、精英人才，打造一片属于自己的天空。

每个人都有自己的优势和不足，如果只是跟着别人做同样的事情，就会让自己因为自身特长得不到很好的施展而感到沮丧。个人只有找到适合自己的岗位，才能最大限度地发挥自己的积极性和能力。天生我材必有用，我们应寻找适合自己的舞台，在实践中磨炼自己，在某一行业中发愤图强，开创实现职业理想的新局面。

第二节 职业生涯的阶段管理

职业生涯是伴随人一生的一个长期的、动态的过程。人的职业生涯可以分为六个阶段，即职业准备阶段、职业进入阶段、职业成长阶段、职业危机阶段、职业成熟阶段和职业后期阶段。对职业生涯各个阶段进行管理，可以促进个人健康成长，实现确定的职业生涯目标。

一、职业准备阶段

职业准备阶段是进入职场之前，人才成长的预备阶段，主要是个体在学校接受正规而系统的学历教育，获得各种关于职业的知识，同时也是个体生长和发育的重要阶段。它可以细分为初级教育阶段、能力培养阶段、模拟试验阶段和职业过渡阶段，每个阶段的侧重点是不同的。

（一）初级教育阶段

初级教育阶段为0～12岁，主要接受基础性的教育，为个人未来长久的发展打好基础。这一阶段注重体格健康，心智开发，良好的心理品质的培养，主要以兴趣为中心对自己所理解的职业进行选择和评价，获得各种与职业有关的知识。

（二）能力培养阶段

能力培养阶段为13～14岁，更多地结合自身的条件，有意识地进行个人能力的培养。此年龄段的人处于风华正茂的青少年时期，往往充满理想，对事情总带有浓厚的感情色彩。个人除学习基础知识外，还要培养自己的关键能力：掌握个体适应劳动力市场需求变化所必备的、跨行业的基本能力，解决实际问题的能力，与他人交流和合作的能力，计算的能力，应用新技术的能力，等等。

（三）模拟试验阶段

模拟试验阶段为15～17岁，在这一阶段，我国大多数青少年已接受九年义务教育，掌握了基础知识和基本生存技能。他们通过自我考查，对自己所理解的职业进行评价，开始以模拟扮演等多种方式进行职业和事业方面的探索。学校通过各项学习和活动，引导青少年深入认识自我，并从周围的环境中获取一定的职业信息。例如，在语文课、综合实践活动课中，教师会穿插一些角色扮演形式的内容进行职业模拟，给学生引入职业基础知识；在物理、化学等课堂上，教师会提供许多的实践机会，培养学生与他人合作、解决问题的能力。

（四）职业过渡阶段

职业过渡阶段为18～21岁，这时的青年大多处在大学阶段，开始接受专门的职业培训，获取一定的职业技能，尝试结合自身的特质与相关职业相匹配。

1. 考取证书

大学生考取证书是开启职业生涯的良好开端，是结合自身专业和兴趣及未来职业发展做出的选择。一些基础性的证书，如大学英语四六级、计算机一二级等证书，在相应的岗位上会受到用人单位的重视。这些证书对从事某类职业是不可缺少的，能使自己拥有更多的就业优势。大学生应将考取证书作为职业生涯发展的必经之路。

2. 初步确定职业定位

职业定位就意味着对不同的职业做出选择，同时也意味着选择要进入的行业。大学生要做好自我了解和对职业资讯的收集，分析自己喜欢哪种职业，或者对哪种职业比较感兴趣，从长远考虑个人的职业类别。

二、职业进入阶段

职业进入阶段一般是指大学生毕业后的 2 ~ 3 年，一般是在 22 ~ 28 岁，处在个人最初的职业领域内。

（一）新员工的行为特点

在职业进入阶段，个人对自己的职业发展方向还不确定，进入企业就相当于步入职业生涯的探索期。在职业生涯探索的初期，员工对企业有着浓厚的新鲜感，在工作上动力十足，工作热情高涨。一般来说，新员工都有自己的职业生涯规划，并会为自己的职业生涯目标的实现而全力以赴，期望未来的职业生涯取得成功。在新的工作环境中，他们会感受到来自企业文化、人际氛围、工作性质和工作要求等方面的压力。他们非常渴望得到企业的支持与信任，在企业中找到发展的平台。

（二）新员工的职业障碍

新员工的职业障碍主要有以下几点。

1. 职业迷惘

在工作中，新员工会表现出对企业发展目标或企业文化的不理解、不认同，从而降低他们的工作热情及对工作的敬业度。新员工的迷惘主要有“职业理想与职业现实的碰撞，是不是需要重新做出职业选择”“我是谁，我能做什么”等。实际上，新员工迷惘的主要原因是个人的发展目标与企业提供的机会和职业道路不一致，个人缺乏自信和社会经验。

2. 稳定性较低

在职业进入阶段，员工转换工作的愿望十分强烈，流动率很高。有些员工想通过探索新的职业来找到自己的职业锚，试图通过更换工作寻找适合自己的职业。有些员工在择业时仍然停留在不切实际的思维中，盲目择业，不考虑自身的实际情况，导致对工作的预期与用人单位的实际情况存在明显的落差。

3. 职业角色认知偏差

新员工受角色认知偏差的影响容易造成角色不清的问题，不能根据环境的要求及时地进行调整，出现角色行为失范和角色准备不足等问题。员工要为企业的业务而努力工作，承受着工作的压力；要应对企业内部各种人际关系；还要遵循企业发展的规律。对于这些，大多新员工会用以往的方式来应对，这就容易陷入迷惘之中，体现为对企业认同、人际关系、企业文化等方面的不理解，缺乏对工作中所扮演角色的正向感觉。

（三）职业进入阶段的实施策略

大学生从学校走上工作岗位，是人生事业发展的起点，而如何走好第一步，将直接关系到其今后的成败。在职业进入阶段，大学毕业生应做好以下几点。

1. 树立良好的形象

大学生进入职场后，应学习企业的规范要求，逐渐适应职业和企业，树立自己良好的形象。新员工应深入学习系统的专业理论知识，了解企业管理系统，在工作中不断纠正业务上的失误，在磨合中找到个人与企业的最佳结合点；通过对实际工作的体验与总结来判定自己当初的选择是否正确，必要时可重新做出选择。

2. 扮演好一个“初级员工”的角色

大学生在入职后应逐步熟悉企业的文化，了解企业内部的人事关系和管理情况。大学生要与老员工多交流，破除心理上的恐惧和担忧，显示出个人的自信心和进取心；学会成为一个好下属，接受作为一名“初级员工”的角色。

3.“安稳”地工作

我们在这个阶段不要轻易跳槽。如果你这段时间能够做到“安稳”地工作，就能积累到人生中第一次“从学习迈向工作”的宝贵体验和坦然的就业心态。安稳的工作有利于积累工作技能和人际关系，为日后的发展打下基础，否则就不容易积累行业经验，这对日后的职业发展是极为不利的。

三、职业成长阶段

职业成长阶段主要是指 29 ~ 35 岁，这是个人职业生涯发展的重要阶段，具有承上启下的作用。这一阶段是个人充分展现自我才能、职位获得晋升、事业得到迅速发展的阶段。

（一）职业成长阶段的特点

随着工作经验和为人处世经验的不断积累，员工各方面的能力都得到了很大程度的提高，对职业及工作环境逐渐适应，掌握了与工作岗位相关的专业技能，能够胜任工作。员工勇于面对新问题，积极尝试并寻求解决问题的途径，形成了自身的优势，树立了良好的职业形象，在职业发展道路上稳步前进。他们的职业竞争能力不断增强，具有远大的理想和抱负，有着强烈的进取心，对职业与个人成就有较强的追求，想要成功的心理十分强烈，雄心勃勃。

（二）职业成长阶段的发展策略

1. 提升职业素养

在职业成长阶段，员工应当实施长期职业计划，在自己的专业领域内继续学习，保持技术竞争力，努力成为一名专家或职业能手，将自身职业素养提升到新的高度，为进入其他职业领域打下基础。员工不把工作仅看作一种职业，应将其上升为自己终身追求的目标。

2. 抓住培训的机会

在职业成长阶段，员工应当多参加企业内部、外部举办的有关培训活动，使自己获得职业发展所需要的各种职业技能和经验，在多个方面都有充分的发展；不断探索、刻苦钻研、勇于创新，注意发现自己在某些方面的特长并加以引导和培养，最大限度地提升个人的社会价值。

3. 积极进取

进取心是一种强大的力量，能够推动员工积极上进、高效工作，积极探索与解决工作中遇到的一些问题。积极进取是一种努力向前、有所作为的人生态度，能促使员工通过尝试去赢得人生的坚强，从而充满希望地成长。只有在平凡的职业生涯中积极进取，人们才会全力拼搏。

四、职业危机阶段

职业危机阶段一般处于 36 ~ 45 岁。

（一）职业危机阶段的特点

1. 出现职业倦怠

随着时间的推移，工作不再富有挑战性，员工对工作丧失了新鲜感和兴奋感，工作热情减退，积极性降低，职业倦怠日益凸显。

处于职业危机阶段的员工不再有进取心，工作缺乏生机和活力，许多员工转向以家庭和个性发展为中心，不再将自己的精力集中在工作上，他们安于现状、得过且过。而有些员工因职场发展遇到许多的困难和问题而感到失望，他们会考虑跳槽，选择其他企业。

2. 职业认同感受到冲击

职业认同感是指个体对自己所从事职业的目标、社会价值及其他方面的看法，是人们努力做好本职工作，达成企业目标的心理基础。

在长期工作以后，个人容易产生思维定式，对自己的职业产生冷漠、不满、抵触的情绪，大大降低对职业价值的评价。员工缺乏明确的组织认同和个人职业认同，没有清晰的可认同的工作，表现出职业发展的停滞，对企业的激励政策和晋升路径产生不公平感。员工对工作缺乏创造的欲望，缺少职业效能感和成功的体验。在日常工作中，他们仅仅满足于完成工作任务，将职业视为一种谋生的手段而已。

3. 职业期望落空

有些员工虽然在企业工作了很长时间，但是仍然没有找到自己的职业锚，当前的职业发展与早期的职业生涯目标不相一致，未能取得所期望的工作成就。

人到中年以后，就会开始审视个人理想与实际成就之间的距离，当发现工作业绩比期望的要低时，难免会产生郁闷、沮丧的情绪，对工作失去信心。由于工作业绩不突出，自己没有优势和专长，有的人会重新评估和选择职业。

（二）职业危机阶段的管理策略

1. 寻找原因

到了职业危机阶段仍一无所获、事业无成的人应深刻反省自己，不能将一切原因归咎于他人或外界的因素，对环境因素也要做客观的分析。员工只有正确认识自己，找出客观原因，才能扫除职业生涯发展的阻碍，掌握好今后努力的方向。

2. 明确个人的抱负

在职业危机阶段，员工要明确自己的职业抱负和个人前途，现实地评估自己的能力才干、发展动机和职业价值观；接受目前的职业发展现状，不断修正下一步的发展方向；摆脱以往的角色模式或压力，选择新的工作角色，或者离开原来的企业单位，寻找新的职业角色。

3. 采取积极的发展策略

在职业危机阶段，员工要对自己充满信心，能够判断自己的业绩情况，独立而可靠地开展工作；保持对职业的激情，通过实践和培训，使自己的知识更加精深，保持自己在专业领域中的领先优势；努力寻求自我突破，使自己不断跨越新的高度，成为某一领域的骨干或专家。

4. 端正态度

如果你愿意留在原来的企业工作，就应该端正态度，不能得过且过地混日子。对个人来说，在企业内部轮换工作岗位，进入新的职业领域，改变工作角色，寻找新的发展机会一个不错的选择；同时，注意更新并整合自己的职业技能，在合适的场合下主动充分地展示自己的才能。

五、职业成熟阶段

职业成熟阶段一般处于 46 ~ 55 岁。这时个人心理和职业素质都比较成熟和全面。这一阶段是个人大显身手、发挥个人才智的最佳时期，是人生的收获季节。

（一）职业成熟阶段的特点

1. 工作经验丰富

在职业成熟阶段，员工经过多年的工作实践，掌握了工作的要领，学习了大量的专业知识和技能，积累了非常丰富的工作经验，形成了完备的认知结构，工作能力稳步提高并趋于成熟，具有独特的工作方法，在工作上能够独当一面，已经成为企业资深的骨干员工。

2. 有一定的工作成就

在职业成熟阶段，员工在既定的工作领域中已经取得了不俗的工作成果，并获得了一定的地位，各方面都平稳地向前发展。一些优秀的员工走上管理层甚至决策层的岗位，在职场中占有一席之地；具有不可替代的技能，成为部门不可缺少的中坚力量，为企业的稳定发展做出自己的贡献；在事业上不断取得成就，并逐步达到事业的巅峰。

3. 形成自己的工作风格

在职业成熟阶段，员工的价值观和世界观逐渐成熟，责任心增强；具有一定的生活和工作阅历，熟练掌握处理人际关系和各种事件的技巧；在工作过程中的处事方法合理、方式得当，逐步形成稳健、务实和严谨的工作作风；在心理上能够接受工作带来的更大压力与责任。深化学习、勇于实践、积极反思成为这一阶段员工成熟的重要标志。

（二）职业成熟阶段的管理策略

1. 巩固成就，不断提升

在职业成熟阶段，员工要维持和巩固在工作上已经取得的职业成就和职业技能优势，使自己的事业在平稳的过程中持续上升，获得继续晋升的空间；在工作岗位上充分发挥自己的才能，利用各种机会争取社会的认可，提升自己的社会地位；培养自己的恒心、信心、毅力，进一步发展和深化职业技能；学会发挥影响力的作用，担负起更重大的责任。

2. 善于反思自己的工作

在职业成熟阶段，员工应围绕自己的职业活动进行反思，对自己在职业中所做出的行为及结果进行审视和分析，对发生在自己周围的现象进行探究。它需要个人树立自我问题意识，善于在行动前、行动中和行动后对自己的工作进行审视和钻研，从中寻找和发现问题。行动中的反思是在具体活动过程中进行的反思，对发生的新情况、新问题做出处理。每个工作过程总有各种不确定、不稳定的影响因素，只有不断地进行反思，才能在以后的工作中做出明智的决断。没有反思的经验是狭隘的经验，充其量只能形成肤浅的知识；善于反思的员工才是一个真正成熟的员工。

六、职业后期阶段

1999 年 3 月 9 日，劳动和社会保障部发布《关于制止和纠正违反国家规定办理企业职工提前退休有关问题的通知》。该通知指出，国家法定的企业职工退休年龄是男年满 60 周岁，女工人年满 50 周岁，女干部年满 55 周岁。从事井下、高温、高空、特别繁重体力劳动或其他有害身体健康工作的，退休年龄男性年满 55 周岁，女性年满 45 周岁；因病或非因工致残，由医院证明并经劳动鉴定委员会确认完全丧失劳动能力的，退休年龄为男性年满 50 周岁，女性年满 45 周岁。我国是目前世界上退休年龄最早的国家，平均退休年龄不到 55 岁。根据有关政策，人力资源和社会保障部将于适当时机向社会公开延迟退休改革方案，通过小步慢走，每年推迟几个月，逐步推迟到合理的退休年龄。

（一）职业后期阶段的特点

在职业后期阶段，员工即将退出工作领域，成为职业活动的旁观者。在这一阶段，员工无论在心理、身体上还是在工作上，都开始走下坡路。员工思维趋于保守，不安全感骤增，对未来生活充满了不安和忧虑。知识和技能的老化、身体健康的衰退等一系列问题会导致个人职业生涯发展的停滞。个人对获得工作成就的愿望大大减弱，对工作的投入大为减少，他们所面临的权利和责任逐渐减少，开始为退休做准备。

（二）职业后期阶段的管理策略

在职业后期阶段，员工应将稳定放在第一位，做好退休的准备和安排。

1. 描绘退休的图景

准备退休的员工应该根据自己的兴趣、爱好和价值观，问自己一些基本的问题，如“退休后我应该过上怎样的生活”“我真正关心的是什么”等，为自己描绘一幅退休以后生活的图景，包括旅游、写书及其他个人喜欢的生活方式。

2. 消除不安全感

有的人开始担心不适应退休后的生活，因此，准备退休的员工要学会接受和发展新的角色，消除“不安全感”；以积极的态度进行职业生涯管理，理性地看待角色的转变；调整心态，淡化自我意识，接受地位下降的事实；适应职业与心理的变化，遵守生物节律，保持良好的生活作息习惯，发展其他方面的兴趣和爱好，健康地生活，愉快地为退休后的生活做好准备。

3. 培育新员工

在准备退出职业生涯之前，个人应该合理地开发和利用自身的价值。一方面，在工作岗位上仍然努力工作，为企业贡献才干；另一方面，要有意识地培养自己的接班人，把工作经验传授给新员工，乐于对新员工进行工作上的辅导和培育，并把这一行为作为对他人的一种帮助。

第三节 职业生涯中的机遇管理

一、机遇的含义和特点

（一）机遇的含义

在进行观察、实验、调查和发现的过程中，人们往往由于某个偶然的事件或机会，出乎意料地遇到未曾见过的社会现象，并由此产生社会新发现和新发明。这种意外或偶然的机会通常称为机遇。

（二）机遇的特点

1. 偶然性

机遇具有一定的偶然性，但并不是所有的偶然都是机遇。只有那些有利于事物发展的偶然才能被称作机遇。机遇的偶然性是指事物在发展过程中呈现出来的某种摇摆或偏离。各种客观事物之间处于千变万化的联系当中，在这种联系和发展的过程中存在着不确定性，从而使得机遇的出现具有很多的偶然性，既可以出现，也可以不出现；既可以这样出现，也可以那样出现。其表现形式各式各样，容易使人难以辨别，错失良机，后悔万分。

2. 实践性

机遇是以人们的实践活动为前提的，与人的实践活动密切联系。离开人的实践活动，机遇是毫无意义的。机遇是作为有利于人们的实践活动的客观条件出现的，是相对于人而言的，因此，机遇从属于人的行为活动。它是在实践中被人们所认识的，任何机遇只有在进入个体的实践活动领域，与人的实践及其行为目的、行为要求、个人需要发生联系时，才能发挥积极的作用。

3. 时空性

机遇存在于特定的时空中，每个机遇的发生都有特殊的时间点和空间点，有利于主体的生存和发展，是主体在客观时空条件下偶然形成的一种关系。在不同的历史时期内和不同的社会情境下，机遇出现的形态是不一样的。

4. 不可重复性

每个被抓住并利用的机遇都是一次性的，每个未被抓住并利用的机遇都是无法弥补的。如果个体不能及时发现并利用机遇，机遇会很快消失，不会再来，这正是所谓的“机不可失，时不再来”。机遇的不可重复性使它的每次出现都有新的内容，都是以前不曾出现或不曾面对的新情况。

二、把握机遇对于成功的重要意义

机遇是人们取得成功的一个必不可少的重要因素。只有时刻把握住机遇的人，才能成就自己的一番事业，实现职业理想。把握机遇对于职业生涯的成功有着重要的意义。

（一）机遇是成功的契机

机遇具有一定的神奇色彩，是可遇而不可求的。很多时候，机遇就在职业生涯发展的前方，一旦人们发现了机遇，离成功就不远了。

1. 机遇改变人生的际遇

人的一生充满着机遇，机遇对每个追求上进的人来说都是至关重要的，它往往能带来职业生涯的转折，可以改变人生的际遇。机遇对成功起到积极的作用：如果达尔文没有去环球航行的机遇，就可能不会写出《物种起源》巨著；如果肖邦没有遇到著名钢琴家李斯特，也许就不会被发现而成名。那些有创造力、有良好潜质的人都懂得利用机遇来发挥自己的聪明才智，通过“时势造英雄”来取得事业上的成功。

2. 机遇搭建通往成功的桥梁

机遇并不等于成功，抓住机遇只是获得了成功的希望，机遇对于职业生涯发展来说，只是创造了一种有利的条件，搭建了一座通往成功的桥梁。有机遇和没机遇，抓住了机遇和错失了机遇，造成的个人发展结果是截然不同的。对于机遇，如果人们只是发现了，而没有抓住它，或者只是抓住了，而没有利用好它，都达不到把握机遇的效果。成功在于人们抓住一次属于自己的机遇。

3. 机遇面前人人平等

有的人总慨叹命运的不公，总抱怨生活的贫穷，喜欢把别人的成功归因于机遇。他们认为机遇是专门为那些天才、幸运儿准备的，自己既不是天才也不是幸运儿，所以机遇与自己无缘。其实，在机遇面前人人平等，机遇对任何人都一视同仁，机遇为所有的人提供同等的机会和帮助。在个人成长的路上，既有升学、留学的机遇，也有就业、发展的机遇，任何人都没有理由抱怨自己缺乏机遇。机遇对每个人都是公平的，它既不会巴结富人，也不会忽视穷人。机遇使个人都能获得发展与进步的优势和契机。

4. 机遇偏爱努力者

从某种意义上说，个人的主观努力与客观的机遇条件之间的契合是一种双向选择的关系。人们在期待机遇，寻找机遇；同时，机遇偏向于有思想准备的人。法国化学家巴德斯（Pasteur）曾说："机遇只偏爱那种有准备的头脑。"机遇会把有利的条件交给与它相适应的人。例如，对于在海上航行的人们，如果早早地升起风帆，一股强劲的风会给他们送来机遇，使他们扬帆起航、乘风破浪；如果风帆还没有升起，那么风再大也只能擦身而过，起不到作用。机遇从来不会主动帮助他人成功。个人要想有所成就，实现自己的夙愿，就必须奋发努力。

（二）职业发展与机遇密切相关

1. 机遇是一种客观存在

职业的成长是个人努力与良好机遇的结合，在职业生涯发展的过程中，人们总离不开特定的客观环境和条件。客观事物的发展有内在的规律性，机遇是一种在特定的环境下出现的客观条件。机遇是一定的社会环境造就的，会在一定的时间、地点以某种方式出现在人们面前。当人们进行社会实践，个人的认知能力与某种客观条件相契合时，便可以认为机遇出现了。机遇就在人们的身边，是一种客观存在的事实。机遇作为一种客观存在，是可以被人们所认识和驾驭的。机遇的出现和消失不以人的主观臆想而产生，也不以人的好恶而发生改变。

2. 机遇是职业发展的特殊有利条件

机遇对一个人的成长起着关键的作用，是一种特殊的有利条件。职业生涯发展需要机遇，机遇是职业生涯发展的催化剂。对一个要实现职业生涯目标的年轻人来说，机遇能够起到催化、引导和促进的作用。它能引领人走向成功，把人带到可以施展才华的地方。机遇好比一匹疾飞的骏马，谁获得了它，就能加快成长的速度，尽快到达职业生涯的成功点。

机遇是成才的一个重要的条件，是成功道路上一块重要的奠基石。机遇会带来质的飞跃，没有机遇，就没有展现实力的机会，也就没有成功的可能。

（三）机遇可以被创造出来

培根曾说："只有愚者才等待机会，而智者则造就机会。"职场上的成功，在很大程度上取决于个人是否善于创造机遇。一个有志于获得职业成功的人，仅仅依靠才能和努力是远远不够的，还应当善于创造机遇。要创造机遇，就要到发展空间较大的地方去，如国家重点支持的领域、重点发展的地方，新兴的领域，以及自己擅长的领域。在这些领域中，个人更容易创造出属于自己的机遇。习惯虽小，力量却是巨大的且影响深远的。一个善于为自己创造机遇的人，能够用最简单的行为方式与人结交，保持良好的人际互动，累积相互之间的信任。当时机来临时，他就能主动创造并掌控机遇，开创令人羡慕的事业。创造机遇本身就是一个自身能力提升的过程。

三、平凡岗位、机遇与成功

平凡岗位、机遇与成功之间有着密切的联系。

（一）平凡岗位与成功

人生是平凡的，许多工作岗位也是平凡的。很多人却在平凡岗位上取得了成功。每个平凡的岗位都有着不平凡之处，成功的关键在于人们能够在平凡的岗位上做出不平凡的业绩。在平凡的岗位上，付出自己的汗水和艰辛，收获的是不一样的成果。只要在平凡的岗位上用心经营，个人成为各个行业的专家、权威和成功人士的机会就会大大增加。虽然工作岗位是普通的，但是它孕育着高尚和伟大。一个人只有立足于自己的岗位并释放自己的光和热，才能实现自我价值，取得成功。

面对普通的岗位和琐碎而具体的工作，如果能够做好每件简单的事就是不平凡。著名水稻研究专家袁隆平在水稻研究工作中取得了伟大的成果，为世界解决了粮食短缺的问题，成为世界闻名的伟大科学家。平凡的工作塑造着每个人不同的经历。成功缘于人们从日常工作中的每件小事做起，一丝不苟、努力而高效地工作，最终铸造出成功的人生。

（二）成功在于发现机遇

有的人的成就很多，有的人却一事无成，有的人常常抱怨自己没有遇到良好的机遇去实现成功。其实，机遇总是有的，关键在于面对新的形势能否发现机遇。有的人缺乏捕捉信息的意识，以坐等为主，而不是主动去争取、去发现机遇，结果一事无成。只有那些拥有敏锐洞察力、善于观察细节的人，才有可能把机遇发掘出来。

实际上，人们身边并不缺少机遇，缺少的是发现机遇的眼睛。对于多样化的机遇，不管其以何种形式出现在人们面前，只要人们提高自己的敏感性，机遇就能被发现。机遇总是某种客观的原因引发的，所以具有某种必然性的基础。在日常生活中，要细心研究问题，增强对信息的敏感性，提高自己识别机遇的能力，在众多的信息中敏锐地发现对自己有价值的信息，发现别人看不到的机遇。

（三）刻苦努力是成功的保障

成功有两个原因：一个是外因，另一个是内因。机遇是外因，个人的刻苦努力是内因。外因是非根本性的，是变化的条件。有能力、有实力的人处处都能寻找到机遇。机遇提供给个人的仅仅是一次机会，而要打造一番事业，还需要个人刻苦努力。世界上没有一个成功者是不经过努力而得到成功的，刻苦努力是成功的保障。

一个人的成功不是一朝一夕就能实现的，而是长期在自己的专业领域里努力拼搏的结果。成功的关键在于勤奋，任何成功都不会唾手可得。成功来自积极的努力，勤奋能够创造奇迹。不肯付出应有的努力，就不会有想要的收获。

拓展实践

实践一 我的一生计划

人的一生是可以预演和改变的，也就是说有意义的一生是可以被定义的。当然每个人的生活不一样，但想建功立业、有一番抱负，是需要制订计划的。目标是可以变化的、转移的，但这个目标的集合应有助于你发现和定义自己。请在表 8–1 中写下自己一生的 50 个目标（根据自身情况增加或减少），目的就是让你思考自己的人生。

这是你一生的计划，是你所有目标的集合。首先，要全面，从生活、个人、家庭、职业、社会等各个方面来树立目标；其次，要有时间限制，你仅有想法是不够的，最好有预期实现的时间，当然不是有明确的时间，目标就能够实现，但从计划的现实性来说，最好是有时间限制；最后，目标要量化，目标不可以概括，要尽可能量化、具体。

表 8–1 我的一生计划表

序　号	目　标	实现时间	量化指标	备　注
1				
2				
3				
4				
5				
6				
7				
8				
9				
10				
……				

实践二 管理自己的职业生涯

步骤 1 阅读案例。

小丽出生于一个普通的家庭，从小受到父母的疼爱。上大学之前，她的生活琐事都是父母为她安排和做主的。后来，她考进了大学，选择了测控技术与仪器专业。毕业时，为了留在大学所在的城市，她选择了一家销售平板显示器的公司做技术支持工作。但是，三年下来，她发现自己不能胜任这项工作，因为她不太了解相关的电路设计和软件程序设计。现在，小丽陷入了进退两难的困境。

步骤 2 探究与思考。

（1）小丽为什么会陷入现在的困境中？

（2）小丽应该如何重新规划自己的职业生涯？

参考文献

[1] 罗毅华，刘敏，唐瑶，等. 大学生职业发展与就业指导［M］. 哈尔滨：黑龙江教育出版社，2019.

[2] 李国庆，孙金一，张源峰. 大学生职业生涯规划与就业指导：应用型［M］. 上海：上海交通大学出版社，2019.

[3] 郭西平. 大学生职业生涯规划与创新创业指导［M］. 西安：西北大学出版社，2020.

[4] 李金亮，杨芳，周欣. 大学生职业生涯规划［M］. 长沙：湖南教育出版社，2019.

[5] 陈志斌. 大学生职业生涯规划［M］. 上海：上海交通大学出版社，2021.

[6] 刘巧元，贾效彬. 职业生涯规划与指导［M］. 北京：中国医药科技出版社，2020.

[7] 石洪发. 大学生职业生涯规划［M］. 北京：北京理工大学出版社，2020.

[8] 袁敏. 大学生职业生涯规划：职业素养与能力篇［M］. 北京：北京理工大学出版社，2020.

[9] 刘珍杰. 大学生职业发展与就业指导新编［M］. 上海：同济大学出版社，2021.

[10] 张文龙，蔡舒，赵建军. 大学生职业生涯规划与就业指导［M］. 2版. 镇江：江苏大学出版社，2021.

[11] 秦福德，王卫民，刘敏. 模拟职场 规划未来：大学生职业生涯规划与就业指导［M］. 上海：上海交通大学出版社，2020.

[12] 金志浩，王成家，孙晓静. 大学生职业生涯规划与发展［M］. 北京：中国石化出版社，2022.

[13] 蒋德勤，俞浩，施培智. 大学生职业生涯规划［M］. 合肥：安徽大学出版社，2022.

[14] 王浩，田刚. 大学生职业生涯规划［M］. 成都：西南财经大学出版社，2022.

[15] 冯丽锋. 大学生职业生涯规划［M］. 长沙：湖南师范大学出版社，2021.

[16] 林咏君. 大学生职业生涯规划实用教程［M］. 广州：华南理工大学出版社，2021.

[17] 杨晓莉. 大学生职业生涯规划［M］. 长春：吉林大学出版社，2021.

[18] 朱建国. 大学生职业生涯规划［M］. 南京：南京大学出版社，2019.